Un chat médium nommé Oscar

David Dosa

Un chat médium nommé Oscar

Traduit du l'anglais par Blandine Roques

ÉDITIONS FRANCE LOISIRS

Ce livre a été publié sous le titre *Making Rounds with Oscar*
par Hyperion, New York, 2010.

Édition du Club France Loisirs,
avec l'autorisation des Presses du Châtelet.

Éditions France Loisirs,
123, boulevard de Grenelle, Paris.
www.franceloisirs.com

ISBN : 978-2-298-04018-0

Au personnel soignant et aux familles confrontés à la démence, où qu'ils soient.

Pour moi, ce n'était qu'un chat.

D'ailleurs, à l'été 2005, c'est à peine si j'ai remarqué sa présence lorsqu'il est arrivé à l'institut de Steere House. Je n'ai vu qu'un banal matou noir et blanc, d'autant que je n'ai guère le temps de m'intéresser aux allées et venues d'un animal quand je travaille. Ici, nombreux sont les patients atteints de démence, et ce service est pour eux l'ultime étape. Je suis par conséquent leur dernier médecin.

Au troisième étage, la plupart des pensionnaires ont oublié jusqu'au prénom de leurs enfants et l'année de leur mariage. Ils ne savent plus ce qu'ils faisaient dans la vie, ni même où ils se trouvaient le jour où Neil Armstrong a marché sur la Lune, mais ils apprécient la présence de chats dans le service et, parmi eux, celle d'Oscar. Amour envers les animaux et les jeunes enfants, goût pour la musique, certaines émotions ne s'effacent pas si facilement. Constituant une passerelle de retour à la réalité, les animaux auraient-ils donc la faculté de ramener un être à sa véritable personnalité ?

Personnellement, j'aurais autant préféré un chien. On connaît le dicton : « Le chien répond à votre appel, le chat prend le message et vous rappelle. » Cela dit, je ne suis pas le seul médecin dans cette maison et, quant au choix des pensionnaires, je n'ai pas voix au chapitre.

Lors de notre première rencontre, Oscar ne s'est pas montré particulièrement amical. Il n'a même pas daigné prendre un message... D'ailleurs, ne copinant avec personne, il était plutôt du genre à se cacher sous un lit ou à passer sa journée sur le bord de la fenêtre. Un beau jour, cependant, sa froideur distante a paru mollir, et ce fut le début d'une série de visites aux autres résidents. Autant dire que ce manège n'est pas passé inaperçu.

« Il n'y a pas de chats ordinaires », a écrit Colette. Je dois avouer que je n'y croyais guère en arrivant à Steere House, mais j'ai beaucoup appris d'un matou noir et blanc, à première vue bien ordinaire.

S'il y avait un message à saisir, ne m'était-il pas destiné ?

1

> *« Les animaux sont d'agréables compagnons. Ils ne posent jamais de questions, ne font aucune critique. »*
>
> George Eliot

Si vous aimez ce que vous faites, votre lieu de travail est parfait. Qu'importe l'opinion des autres ! La morne plaine est une source de pétrole inépuisable aux yeux du prospecteur. Ne voyant que les victimes à secourir, le pompier fonce vers l'immeuble en flammes avec une montée d'adrénaline. Pour un routier, il n'y a que la route et sa destination finale. Perdu dans ses pensées, il goûte pleinement la solitude du voyage.

Pour ma part, je suis gériatre à l'hôpital de Providence (Rhode Island), au troisième étage du bâtiment de séjour longue durée, pour être plus précis. « Quel métier déprimant ! » Ce type de réflexion me laisse franchement dubitatif. Quand je songe à mes patients et à leurs familles ! Je suis témoin de vies formidables et de liens affectifs à l'épreuve du temps... Pour rien au monde, je ne renoncerais à ces expériences. Il m'arrive certes de traiter des malades dans un triste état, mais d'autres, en revanche, sont en excellente forme.

Aux yeux de mes parents, tous deux médecins, il fallait être fou pour choisir pareille branche. Dans ma famille, on est pédiatre de père en fils. Ainsi ma mère et mon oncle, et mon grand-père avant eux, ont toujours considéré qu'un gériatre ne prenait pas les choses par le bon côté. Il me semble encore entendre ma mère : « Enfin, les enfants sont tellement plus mignons ! »

J'ai d'ailleurs tout d'abord songé à la pédiatrie. En effet, j'aime beaucoup les enfants et je suis père de deux petits bouts de chou, mais, selon moi, l'histoire du malade fait toute la différence. Un enfant est une toile vierge, un portrait en devenir. L'aube de la vie, c'est le renouveau, une promesse à peine esquissée quand tout semble encore possible.

Mes vieux patients sont des œuvres abouties et de véritables histoires. Dieu sait s'ils en ont à raconter ! Les jours fastes, il suffit de prendre le télescope par le petit bout de la lorgnette afin de les observer, et on remonte ainsi jusqu'à l'enfance, jusqu'au point de départ. J'imagine leurs parents, depuis longtemps disparus, les lieux où ils ont vécu, ce qu'ils ont vu.

On l'aura compris, Steere House n'a rien de déprimant pour moi, d'autant que cet endroit est plutôt agréable, pour une maison de santé. Quand le soleil se montre, l'immense verrière inonde de lumière chaque étage, et il y a souvent de la musique dans le salon.

Et puis nous avons Oscar, qui a fait entrer dans ma vie une autre forme d'harmonie. J'aimerais pouvoir prétendre avoir été le premier à remarquer ses facultés exceptionnelles... mais il n'en est rien. Heureusement, dans cette maison, certains se sont montrés plus perspicaces.

En cette matinée de l'été 2006, le service était désert, mais du haut du comptoir d'accueil, au bureau des infirmières, un regard peu amène me toisait avec la méfiance du vigile jaugeant l'intrus. Quel genre de menace pouvais-je donc bien représenter ?

— Bonjour, Maya. Ça va, ce matin ?

Sans même daigner remarquer ma présence, la jolie chatte blanche est retournée à la prenante activité retenant toute son attention : le léchage de pattes.

— Dis-moi, saurais-tu où ils sont passés ?

Il régnait un calme inhabituel dans les couloirs déserts. Aucun signe de vie, sinon deux ou trois déambulateurs garés devant les chambres. Nées, semble-t-il, de l'imagination fertile d'un enfant, ces raides carcasses quadrangulaires avaient étrange allure sans leurs occupants. À l'est, la clarté matinale filtrant sous la verrière éclairait une vaste partie du hall.

Je cherchais Mary Miranda, l'infirmière de jour,

mais à cette heure les portes étaient closes, notamment celle de la chambre 322 où Mary donnait les soins matinaux à une patiente.

Une voix sourde m'ayant hurlé de patienter, j'en ai profité pour observer le grand tableau de liège fixé près de la porte de Brenda Smith.

GERTRUDE BRENDA SMITH, son nom complet, et sa date de naissance, 21 JANVIER 1918, étaient imprimés en lettres capitales en haut du tableau. Découpés dans du papier kraft et décorés avec soin de perles ou autres babioles, les caractères étaient l'œuvre d'un écolier, sans doute un petit-fils ou une petite-fille ayant exécuté ce travail d'artiste avec amour. Sous les lettres, trônait un cliché en noir et blanc, celui d'une belle jeune femme n'ayant guère plus de vingt ans et dont le rouge à lèvres, d'un ton soutenu, faisait ressortir les traits par un saisissant effet de contraste. Dans une tenue d'été au goût du jour, cette élégante était au bras d'un séduisant militaire portant un uniforme d'officier de marine de la Seconde Guerre mondiale. L'ombrelle suspendue à son poignet semblait indiquer que la scène avait été fixée sur la pellicule par un chaud après-midi d'été, juste après l'armistice. Mon regard s'est attardé sur ces visages de jeunes gens manifestement très amoureux.

Tel un portrait fané, un second cliché montrait le même couple un peu plus tard, avec ses deux enfants. Le mari avait le cheveu plus rare, et l'épouse quelques fils gris. Cette photo offrait d'autres promesses. Maintenant parents, les jeunes amoureux semblaient très fiers de leur progéniture. Leur horizon s'était élargi.

Sur le dernier cliché, on découvrait une Mrs Smith à la mise impeccable, quelques décennies plus tard, les cheveux d'argent ramenés en arrière sous un chapeau du meilleur goût. Elle était entourée de plusieurs générations, jusqu'aux arrière-petits-enfants. Si le mari avait disparu, on pouvait lire sur une banderole, en arrière-plan : « Quatre-vingts ans ! Joyeux anniversaire, grand-mère ! » Ce cliché remontait à huit ans en arrière.

Après avoir frappé, j'ai fini par entrer. Mary, qui faisait la toilette de la malade, s'est empressée de couvrir le corps de Mrs Smith. Pâle réplique de ce qu'elle avait jadis été, cette vieille femme n'avait plus rien de la dame soignée et pétillante de vie de la photo d'anniversaire. Avant de côtoyer quotidiennement ces patients au dernier stade de la maladie d'Alzheimer, l'expression consacrée « l'ombre de soi-même » n'était pour moi qu'un cliché. Comme pour beaucoup de gens, c'était ainsi que je voyais Mrs Smith... Au-delà du spectre méconnaissable, on devinait encore l'essence de l'être.

— Vous avez besoin de moi ? m'a lancé Mary, manifestement agacée par cette intrusion.

— Oui. J'ignore ce qui est prévu, ce matin.

— Permettez que je termine et je vous rejoins à l'accueil.

Je m'apprêtais à sortir quand Mary s'est redressée

en creusant les reins pour quitter une position inconfortable.

— Écoutez, j'en ai encore pour un moment. Vous ne voulez pas jeter un coup d'œil à la jambe de Saul ? La peau me semble bien rouge et enflammée, je crains que l'infection n'ait repris.

— Bon, j'y vais.

Je me suis donc rendu chez Saul Straham, un monsieur de quatre-vingts ans qui compte de longues années de séjour chez nous. Je l'ai trouvé vêtu de son accoutrement habituel, sweat-shirt et casquette des Red Sox de Boston. Il était assis dans son fauteuil relax devant une télé qui, à cette heure matinale, diffusait un talk-show.

— Qu'est-ce qu'on diffuse ? ai-je lancé sans attendre de réponse.

Puis j'ai jeté un coup d'œil à l'écran sur lequel une jeune actrice se plaignait auprès de l'animateur d'être persécutée par les paparazzi qui ne la lâchaient pas d'une semelle.

— À chacun ses problèmes, hein, Saul ? ai-je lancé au vieil homme en l'observant de plus près.

En dehors d'un Alzheimer progressant lentement, Saul avait perdu l'usage de la parole suite à une attaque quatre ans plus tôt, mais l'intensité de son regard était éloquente. Si seulement il pouvait parler ! Je l'ai pris par l'épaule pour l'informer que je venais examiner sa jambe.

Mary avait vu juste. Conséquence de l'insuffisance cardiaque, l'œdème avait gagné les deux membres inférieurs, mais l'inflammation était plus marquée du côté droit et la température de la peau trop élevée. C'était inquiétant, en effet... Il faudrait penser à prévenir sa fille.

— Je suis navré, mon cher Saul, mais je crains qu'il ne faille reprendre des antibiotiques.

Dans l'aire d'accueil, j'ai trouvé Maya affairée à sa toilette et j'ai eu droit à un regard noir. Surprise, la bête a bondi à terre. Non, décidément, il n'y avait pas de place pour deux !

Dès ses études secondaires dans les années 1970, Mary s'est lancée dans une formation d'infirmière pour découvrir ensuite qu'elle aimait travailler auprès de personnes âgées. Agent de liaison et rouage central, elle n'ignore aucun détail concernant le service, les patients et Steere House en général. Si elle n'en a pas le titre officiel, personne ici n'est dupe, ni les médecins ni le personnel : le chef de service, c'est elle. Figure maternelle pour chacun, elle défend « ses enfants » comme une tigresse, et il n'est rien dont elle ne soit informée. Même ses supérieurs en réfèrent à elle, et je connais peu d'infirmières aussi dévouées. Elle possède cette intuition permettant de savoir quel malade sera prioritaire.

Après avoir noté mes observations dans le dossier, je me suis assis pour l'attendre.

— Désolée, David !

La charmante voix m'a arraché à mes sombres

ruminations. Si Mary avait auparavant manifesté un peu d'humeur, il n'y paraissait plus.

— Auriez-vous un instant ? J'ai quelque chose à vous montrer à la 310.

Elle m'a emboîté le pas pour me donner quelques précisions.

— Lilia Davis est suivie par un de vos collègues. La malade a dans les quatre-vingts ans et se trouve ici depuis un an et demi. Voici trois mois environ, elle s'est mise à maigrir de façon inquiétante, amincissement que nous avons mis sur le compte de la démence sénile. Elle a ainsi perdu entre dix et quinze kilos et, un matin, c'est du sang qu'elle s'est mise à perdre par le bas. Le diagnostic est tombé : cancer du côlon et multiples métastases. Compte tenu de l'état de démence avancé, la famille a refusé les traitements et Lilia est revenue chez nous, en soins palliatifs. Sage décision, ai-je pensé.

Nous avons trouvé Mrs Davis dans son lit. Paupières closes, elle respirait à peine. Une intraveineuse reliait la pompe à morphine à son bras gauche, et les draps rabattus, sur l'autre lit, prouvaient qu'on avait dormi auprès d'elle.

— La fille de la patiente, m'a expliqué Mary avant que je ne pose des questions. Je l'ai renvoyée chez elle prendre une douche et se changer. Elle n'avait pas quitté cette chambre depuis trente-six heures.

— Eh bien, qu'avez-vous à me montrer ?

Mary m'a indiqué le pied du lit.

— Regardez.

En m'avançant, j'ai vu émerger des draps la tête d'un matou noir et blanc qui, dans un léger tintement de grelots, a dressé les oreilles et tourné vers moi un regard intrigué. Je me suis approché de la malade sans prêter attention au chat, blotti contre la jambe droite de Mrs Davis. L'animal a posé la tête sur ses pattes en ronronnant doucement. J'ai tout de suite vu qu'il n'y avait pas lieu de s'inquiéter, la patiente ne souffrant aucunement.

— Elle ne me paraît pas trop mal. Avez-vous besoin d'une ordonnance ? Autre chose ?

— Non, David, il ne s'agit pas de Mrs Davis. De ce côté-là, tout va bien. Mais avez-vous vu le chat ?

— Le chat ? Ne me dites pas que vous m'avez fait venir ici pour me montrer un chat ?

Comme on présente un convive dans un dîner mondain, Mary m'a annoncé : « Voici Oscar. »

Je sentais monter en moi le même agacement que Maya, quelques minutes plus tôt.

— Tout ce que je vois, c'est un chat refusant de quitter une vieille dame !

— Justement... Oscar ne traîne jamais auprès des patients. L'avez-vous souvent croisé dans les couloirs ? Généralement, il se cache.

Certes, Mary n'avait pas tort. Si Oscar hantait bien le service depuis un an, je n'avais pas souvent croisé son chemin. Je l'apercevais parfois du côté de l'accueil, près de son bol d'eau et de ses croquettes, quand il ne dormait pas sous le comptoir, pelotonné sur les vestiges d'une vieille couverture déchirée. L'animal ne passait pas pour être particulièrement sociable, en effet.

— Sans doute se laisse-t-il peu à peu apprivoiser. Je ne prétends pas être expert en ce domaine, mais la vie m'a enseigné que ces bêtes n'en font souvent qu'à leur tête. Il aura trouvé quelqu'un qui ne le dérange pas, alors pourquoi bouger ?

— Ça peut paraître curieux, mais Oscar aurait tendance à fuir les patients et à se terrer le plus souvent dans mon bureau. Toutefois, depuis quelque temps, nous avons remarqué, avec une collègue, qu'il s'attardait auprès de certains pensionnaires.

— Qu'y a-t-il de si extraordinaire ? ai-je répliqué en haussant les épaules.

Évoquant les chats ensevelis auprès de leur maître dans les tombeaux égyptiens, l'animal blotti contre Mrs Davis formait un tableau d'une rassurante sérénité.

— Voyez-vous, il choisit les patients qui vont mourir.

— Si je comprends bien, Mrs Davis s'apprête à tirer sa révérence ?

À peine avais-je posé les yeux sur la patiente que j'ai regretté ce trait d'esprit. À l'évidence, Mrs Davis respirait fort mal et risquait de ne pas tenir jusqu'au soir. Ce décès serait à mettre au compte de la démence et d'un cancer à évolution foudroyante ; le chat n'y était pour rien.

Le sourire de Mary dissimulant mal son

embarras, j'étais assez peu fier de moi et tentai de me rattraper.

— Après tout, pourquoi un chat ne sentirait-il pas venir la mort ? Souvenez-vous de cet article récemment paru sur les chiens « qui reniflent le cancer ». Et, au Japon, on a remarqué des oiseaux qui perçoivent l'imminence d'un tremblement de terre. Et Lassie ! Quand Timmy allait tomber au fond du puits, elle le savait.

Mary n'a guère apprécié la plaisanterie.

— Savez-vous qu'hier Oscar s'est installé dans la chambre d'une autre patiente, à présent décédée ?

Ma mine devait être éloquente et Mary a renoncé à me convaincre. Nous sommes restés quelques instants ainsi, à regarder doucement ronronner le chat blotti contre la jambe de Mrs Davis, puis je me suis décidé à rompre le charme.

— Ne vous méprenez pas, Mary. Avoir un animal auprès de soi dans les derniers instants... quelle idée agréable ! Quand j'étais petit, j'avais un chien qui ne me lâchait pas d'une semelle.

Je me suis approché et j'ai tendu la main pour caresser Oscar. Mais, prompt comme l'éclair, le chat m'a donné un coup de patte. Cherchant en vain des traces de sang sur ma main, j'ai immédiatement battu en retraite.

— Sale bête !

— Vous voyez ! m'a lancé Mary en souriant. Quand je vous disais qu'il n'était pas si familier.

— Familier ! Il a failli me mordre, oui ! ai-je répliqué sur un ton inutilement théâtral.

— Cet animal n'est pas méchant, voyons ! Oscar peut même se montrer très affectueux quand il le veut. Il défend ses patients, voilà tout.

— Enfin, Mary, ce n'est qu'un chat ! Les chats ne font rien s'ils n'y ont aucun intérêt. Tout ce qu'ils cherchent, c'est un toit et une couverture douillette où se nicher.

Je cherchais toujours des traces de griffes n'existant que dans mon imagination.

— Allons, ne faites pas l'enfant ! Il vous a à peine touché.

Décidément, je ne m'en tirerais pas sans un semblant d'explication.

— Je dois avouer que je n'aime guère les chats, qui me le rendent bien, semble-t-il.

— Oh ! David, un chat ne déteste personne ! s'est exclamée Mary en éclatant de rire. C'est très simple, si vous avez peur, il le sent et se conduit en conséquence.

— Vous allez vous moquer, mais j'ai des souvenirs d'enfance plutôt désagréables. Depuis... disons que je suis un peu traumatisé.

J'ai songé un instant à lui narrer l'histoire du chat de ma grand-mère, mais la compassion narquoise de Mary m'en a dissuadé. Inutile de remuer le passé.

Ma collègue a fini par reprendre :

— Les chats sont comme les gens, il en existe d'horribles, mais on ne peut tout de même pas rayer la gent féline d'un trait de plume pour une simple expérience malheureuse. Une bête ne resterait pas dans cette maison si elle représentait un danger, vous le savez. Ne serait-ce que pour un médecin.

— Merci bien !

Je me suis tourné vers Oscar et sa patiente.

— Si ça se trouve, il préfère les mourants. Eux, au moins, ne risquent pas de l'ennuyer.

— Je ne sais pas, mais ce n'est pas si simple, à mon avis.

— Cela voudrait-il dire que nous allons perdre Mrs Davis ?

— Nous verrons bien...

*

En traversant la ville pour rejoindre mon cabinet, je me suis retrouvé au cottage de mes grands-parents où j'ai revu le chat, Puma le bien nommé. Dans mes souvenirs, cette bête faisait bien ses quinze kilos... Sans doute pesait-elle un peu moins... Tout pêcheur digne de ce nom vous le dira, la taille de la prise augmente avec le temps. À peine avais-je posé le pied « chez lui », que j'étais terrorisé. J'ai encore devant moi ce regard brûlant de haine... Non, décidément, ma terreur d'enfant n'avait rien d'irraisonné.

À ce moment précis, la sonnerie du portable est venue interrompre mes rêveries. C'était Mary, venant m'annoncer :

— Mrs Davis est morte quelques minutes après votre départ.

Moins d'une heure auparavant, je me trouvais au chevet de la vieille dame dont je surveillais la respiration. Le temps n'y change rien, côtoyer la mort d'aussi près force à l'humilité.

— Allons, Mary, n'accordez pas trop d'importance à cette histoire de chat. Avec de tels diagnostics, les heures de Mrs Davis étaient comptées.

— Mmm, bien sûr. Mais laissez-moi vous dire que ce genre d'incident se répète. Lors de chaque décès, en fait. On commence à jaser, dans les familles !

Elle s'est interrompue pour reprendre, au bout de quelques secondes :

— J'ai l'impression que ce chat sait parfaitement ce qui se prépare.

2

« Qui tient un chat par la queue n'oubliera jamais la leçon. »

Mark Twain

Avez-vous déjà vécu une de ces journées pourries où l'on remet tout en question, où l'angoisse de l'avenir vous étreint ?

Voilà où j'en étais réduit, six mois après ma rencontre avec Oscar. Le regard perdu dans le lointain, j'étais posté derrière la baie vitrée de mon bureau. Par un beau jour d'été, le panorama est splendide, le bleu de la baie de Narragansett scintille sur un ciel semé de petits flocons de guimauve. Mais un matin de janvier, le spectacle est sinistre, telle une plaque d'asphalte, l'eau glacée n'a rien d'engageant. Ce jour-là, mon humeur était en parfaite symbiose avec le paysage.

Dans la baie, un pétrolier amarré à l'un des terminaux du port déchargeait sa cargaison, mais je n'en avais cure. Je fixais le panorama d'un œil absent, ressassant les événements des derniers jours. Une scène, en particulier, passait en boucle comme un DVD rayé. Trois semaines plus tôt, j'avais appris que j'étais parvenu en finale, prêt à décrocher les généreuses subventions d'une prestigieuse fondation new-yorkaise couronnant un projet de recherche. Autant dire le pactole... Je dois une bonne part de ma motivation à mes recherches en gériatrie et aux consultations que j'assure à Steere House. Or, au-delà de la reconnaissance, ce financement validait l'œuvre de toute une vie.

Deux jours plus tôt, j'avais pris le train pour New York. L'entretien s'était bien passé, du moins le pensais-je en sortant, très confiant. Un brin trop sûr de moi, peut-être... J'allais obtenir ces subventions et décrocher la timbale, je le sentais. Il faut dire que j'avais trimé comme une bête pour préparer cette candidature, prolongeant les journées, mes obligations familiales venant s'ajouter à tout le reste. Il était impensable que le comité de sélection ne soit pas impressionné par la portée de mes recherches. Franchement, pouvait-on refuser de financer des travaux de cette importance, absolument exceptionnels ? Dans le train qui me ramenait vers Providence, je peaufinais déjà ma stratégie en vue d'obtenir une augmentation, selon moi bien méritée. Si j'avais eu un cigare, je l'aurais allumé. Enfin, si j'avais fumé, et si c'était encore permis dans le train...

Il a suffi d'un coup de fil pour que tout s'effondre.

Glacé, j'ai compris que quelque chose clochait à l'instant précis où a retenti la sonnerie du téléphone... C'était trop tôt. Osant à peine respirer, j'ai décroché, et, au ton de mon interlocutrice, mon intuition s'est vérifiée. J'ai compris ce que ressent un proche auquel je vais annoncer une mauvaise nouvelle.

— Nous tenions à vous remercier de vous être déplacé. Le comité a vraiment été impressionné par votre travail, sachez-le...

Le silence s'éternisait.

— Néanmoins... nous avons le regret de vous informer que vous n'avez pas été retenu.

Cette femme a continué à pérorer, à égrener les noms des nombreux « candidats de talent » pressentis. Moi, je n'écoutais plus, je n'avais sous les yeux que mon échec personnel.

Plus de promotion. Plus d'augmentation.

Encore une déconvenue professionnelle.

J'avais l'impression que le compteur revenait à zéro.

L'heure filait et j'étais là, incapable de tourner la page. « Restait-il des points obscurs ? », selon la formule consacrée en pareille circonstance. Mais tout était obscur ! Absolument tout ! N'avait-on pas saisi l'importance de mes travaux ? Ils en connaissaient beaucoup des chercheurs qui s'intéressaient au cadre de vie dans un établissement de soins de longue durée ? Mon projet était excellent, sans doute le meilleur qu'il m'ait été donné de présenter. Bon sang, de quels prodiges étaient donc capables les autres ?

Cela tenait-il à mes notes ? À mon exposé ? À mon costume ?

Je me suis éloigné de la baie vitrée pour m'asseoir à mon bureau et, durant plus d'une heure, je n'ai pas quitté des yeux l'écran dont le clignotement régulier évoquait le rythme sinusal d'un cœur qui flanche.

Serait-ce ma cravate ?

Je devais en avoir le cœur net ! Fermement résolu à trouver une oreille attentive qui accepte de prendre mon projet en considération, j'ai décroché le téléphone et composé le numéro de la fondation, mais la sonnerie de mon biper a choisi ce moment précis pour se déclencher. Brusquement, la terre a cessé de tourner et j'ai réfléchi.

L'appel venait de Steere House.

Ignorant le message, je suis retourné à mes ruminations. Qu'avais-je à gagner en passant ce coup de fil ? Restait-il encore des « points obscurs » ? Peut-être mon projet n'intéressait-il personne, après tout ?

Mon biper s'est remis à sonner.

Encore ce numéro.

Bon Dieu, ce n'était pas le moment ! Allait-on finir par le comprendre ?

Exaspéré, j'ai décroché pour rappeler Steere House.

— Bonjour, docteur Dosa. Comment allez-vous ?

— Bien. Que voulez-vous, Mary ?

Le ton était très sec, nul besoin d'un dessin.

— Dites-moi, on s'est levé du pied gauche, ce matin ? Des ennuis ?

— J'ai connu mieux. Alors, qu'y a-t-il ?

— Vous ne voulez pas en parler ? m'a proposé Mary, le plus sincèrement du monde.

Non, je n'étais vraiment pas d'humeur à en parler. Quant à m'excuser, c'était hors de question.

— Pas pour l'instant... mais c'est gentil, merci.

— Bon... je voulais juste vous dire qu'Ellen Sanders nous a quittés.

— En voilà au moins une qui aura eu une plus mauvaise journée que moi !

Silence. Mary ne savait sans doute que répondre. D'ailleurs, ce trait d'humour méritait-il une réponse ?

J'étais encore bon pour m'excuser...

— Je suis navré, Mary. Sincèrement. Oubliez ce que j'ai dit, c'était vraiment déplacé.

— Ça va, David.

Je n'aurais su dire si ma collègue gardait pour elle une réplique cinglante ou si elle avait trouvé un moyen de me moucher, toujours est-il qu'elle a changé de sujet avec diplomatie.

— Au fait, Oscar était là, je tenais à ce que vous le sachiez.

— Où donc ?

— Au chevet de la patiente. Il était présent lors du décès... comme pour les autres.

— Vous pouvez répéter ?

— Vous savez très bien ce dont il s'agit, de notre

ami le chat. Oscar n'a pas renoncé à ses visites, il a veillé cinq ou six patients depuis le décès de Mrs Davis.

En d'autres circonstances, je me serais sans doute esclaffé comme je l'avais fait six mois plus tôt. Mais, des jours comme celui-là, on en vient à considérer l'existence d'un tout autre œil. Et pour une sale journée, c'en était une !

Tout en écoutant Mary égrener les consignes nécessaires aux indispensables paperasses, j'imaginais Oscar auprès d'Ellen et de sa fille Kathy.

— Et maintenant, où est-il ?

— Qui ça, Oscar ? Oh ! toujours dans la chambre d'Ellen où l'aumônier l'a trouvé installé sur le lit ! Vous devriez présenter vos condoléances à Kathy, qui vous aime beaucoup. Vous ne voulez pas passer lui dire bonjour ?

Mary n'a pu s'empêcher de pouffer.

— Tout compte fait, luné comme vous l'êtes, vous feriez aussi bien de rester chez vous.

La gaieté de Mary était contagieuse. Rien de tel que la mort d'un être cher pour remettre les choses en perspective. Son mari ayant mis fin à ses jours peu après la naissance de leur second fils, Mary en savait quelque chose. Restée seule avec deux enfants, elle a ensuite consacré son existence aux vieux enfants de Steere House. Moi, j'ai encore deux parents en excellente forme et, si ma santé laisse à désirer, ma femme et mes enfants se portent comme le Pont-Neuf. *Carpe diem* ou, comme dit la chanson : « Profitez de la vie tant qu'il est temps. »

Nous avons évoqué le cas de Mrs Sanders et j'ai momentanément oublié mes petits problèmes.

Si le décès d'Ellen Sanders n'avait rien de surprenant, il était tout de même assez inattendu. Rien ne laissait supposer qu'Ellen soit si près de la fin, elle ne présentait ni infection sérieuse, ni pathologie susceptible d'abréger ses jours. S'il n'y avait eu la démence, on lui aurait volontiers acheté la santé.

Personne dans l'équipe, à commencer par moi, n'avait compris la gravité de son état, ni anticipé son décès, mais Oscar percevait les choses différemment. Aveuglé par mon inébranlable foi de scientifique et ma vanité intellectuelle, je n'avais su admettre qu'un chat de gouttière pût se montrer plus perspicace que l'équipe médicale. Me serais-je à ce point fourvoyé ? Curieusement, je trouvais exaltante cette hypothèse.

Oscar était présent lors de chaque décès. Pouvait-on vraiment parler de coïncidence ? « Coïncidence » qui, paraît-il, serait un petit miracle pour lequel Dieu préfère garder l'anonymat. Fasciné par une énigme que je devinais palpitante, j'ai décroché mon manteau pour me rendre à Steere House, bien décidé à en découvrir un peu plus sur l'étrange comportement de ce chat.

3

« Est-il plus beau cadeau que l'affection d'un chat ? »

Charles Dickens

Y a-t-il plus atroce que de voir se dégrader un être cher ? En général, les proches finissent par accepter, non sans dignité et même avec élégance, puis la vie continue. Mary cite souvent l'exemple d'une patiente dont le fils n'a jamais perdu sa joie de vivre face à la maladie.

— Mais comment faites-vous ? lui a-t-elle demandé un jour.

— Oh ! il y a longtemps que je lui ai dit au revoir ! Et là, je viens de tomber amoureux d'une petite dame.

Peut-être ne faut-il voir dans ces outrances, dignes d'une ceinture noire de karaté, qu'une parade à la culpabilité, à l'angoisse de la mort et à l'immense tristesse de voir décliner un parent ? Une chose est sûre, quand un être aimé commence à sombrer, on assiste souvent à une lente dégradation de l'entourage, et bientôt les proches ne sont plus que l'ombre d'eux-mêmes.

Kathy n'était pas ainsi, elle gardait un moral d'acier. Voyant le verre à moitié plein, à chaque défaillance, elle parvenait à communiquer son optimisme à l'équipe soignante.

Jour après jour, les plus minces succès lui étaient un réconfort. « Les petites victoires », comme elle disait.

Je me souviens de cet après-midi où je l'ai trouvée auprès de sa mère, sur un banc de la roseraie. Le vent soufflait très fort en ce jour d'octobre. Que diable faisaient-elles dehors, serrant une veste autour d'elles, auprès d'un plateau vide ?

— Vous n'avez pas froid ? leur ai-je demandé.

— Je préfère le terme « frisquet », m'a rétorqué la jeune femme d'un ton badin. Vous savez, docteur, maman va rester cloîtrée entre quatre murs pendant des mois, alors, qu'est-ce qu'un peu de froid... Regardez comme les feuilles sont belles, à cette époque.

Kathy a pris sa mère par l'épaule pour lui montrer les feuilles rouge et or d'un arbre tout proche.

— C'est beau, hein, maman ?

Mrs Sanders n'a pas répondu, mais j'ai vu l'ombre d'un sourire flotter sur son visage.

— Ah ! docteur Dosa, les petites victoires !

Quand je suis passé devant le banc désert où elles étaient assises, en ce jour d'octobre, ces mots sonnaient encore à mon oreille. Était-ce vraiment la dernière sortie, pour Mrs Sanders ? C'est bien possible.

Une bourrasque glacée m'a fait accélérer le pas et fuir le jardin couvert de givre. L'heure du déjeuner approchait et, dans la salle à manger, une aide-soignante s'affairait à disposer les couverts sur les tables. Comme dans les meilleurs restaurants, elle frottait soigneusement chaque couvert avant de le placer. Selon moi, c'est grâce à ce souci du détail que Steere House se distingue des autres établissements. Derrière chaque décision, jusque dans les plus petits gestes, on sent le respect des pensionnaires.

Dans un angle de la pièce, observant placidement l'employée qui frottait et disposait ses couverts, Ida Poirier attendait l'heure du repas sur son fauteuil roulant. Elle a levé les yeux en souriant lorsque je suis entré.

Clouée dans son fauteuil par l'arthrite, Ida est à Steere House depuis un bon moment. Jambes et mains atrocement déformées par l'inflammation, elle n'a rien perdu de son tonus intellectuel malgré le temps. Aussi terrible soit l'épreuve, elle a gardé ce sens de l'humour, très pince-sans-rire, que l'on finit par acquérir dans le combat sans fin contre une affection chronique. Le choix est simple pour ces patients : apprendre à vivre avec la maladie et être capable d'en rire, ou se retrouver anéanti par la souffrance.

— Qu'y a-t-il, à midi ? ai-je demandé à ma patiente en la serrant dans mes bras.

— Oh ! le rata habituel... Quel jour sommes-nous ? Je ne sais plus... lundi, mardi... ?

— Jeudi.

— Alors, c'est pot-au-feu. Bah ! quelle importance ! Tout a le même goût.

J'ai répliqué en souriant :

— Ils font ce qu'ils peuvent, Ida. Hélas ! le budget ne permet pas de servir du filet mignon à tous les repas.

— Peut-être, mais on pourrait nous donner de la langouste de temps en temps. Nous sommes tout de même à Rhode Island !

— Je vais en toucher deux mots au chef.

— Mais oui, faites donc !

Ida guettait ma réaction avec un feint dégoût, et moi, j'étais ravi d'avoir trouvé quelqu'un avec qui croiser le fer.

— Vous montez voir la patiente décédée ?

— Pourquoi me demandez-vous ça ?

— Il paraît que le chat était là quand elle s'en est allée.

J'ai marqué un temps d'hésitation.

— Comment le savez-vous ?

— Les infirmières ne parlent que d'Oscar et de ses exploits. Et moi, j'aime les chats, j'en ai toujours eu. Aujourd'hui encore, Billy et Munchie viennent me tenir compagnie.

Ida faisait allusion aux deux pensionnaires du rez-de-chaussée.

— Celui du haut, je ne le connais pas.

— Croyez-vous qu'il sache ce qui se prépare ?

— Si je le crois ? À la mort de mon mari, ce qui remonte à un bon bout de temps, j'ai pris un chat pour ne pas rester seule, un chat noir moucheté de blanc que j'ai appelé Mouche.

Perdue dans ses souvenirs, Ida a esquissé un petit sourire.

— Quand j'étais malade, ou si mon arthrite faisait des siennes, Mouche le comprenait. Il sautait sur la couverture et venait se coucher à mon côté. Le reste du temps, il était introuvable, toujours sous un lit, dans la penderie. Dieu sait où !

— Que lui est-il arrivé ?

Voyant Ida se rembrunir, j'ai aussitôt regretté ma question.

— Il a été emporté par une sorte de cancer des chats, j'ai dû le faire piquer.

— Oh ! pardon, Ida !

— Mais non, docteur Dosa, n'allez pas vous sentir coupable, il n'y avait rien à faire. Certains jours, j'en arrive à souhaiter... Bon, parlons d'autre chose.

Sans un mot de plus, Ida s'est tournée vers la fenêtre, et je savais bien ce qu'elle avait en tête. Je n'ai pas cherché à briser un silence lourd de sous-entendus, mais Ida a fini par reprendre :

— Rester là, à attendre, chaque jour que Dieu fait ! Le matin, au lever, j'ai besoin de quelqu'un pour m'habiller. J'attends que le petit déjeuner soit servi, puis le déjeuner. Ensuite, retour dans ma chambre pour un petit somme quand je ne regarde pas une idiotie à la télé, interview ou mélo. Et j'attends le dîner... Quand j'étais jeune, je n'avais jamais le temps de rien, pas une minute à moi. Du temps, c'est tout ce qu'il me reste désormais !

Le regard de la vieille dame s'est dérobé et, quand il est revenu vers moi, l'humeur avait changé.

— Savez-vous que j'envierais presque cette patiente, là-haut ? Elle en a fini avec tout ça.

Pour preuve de ce qu'elle avance, Ida a levé des mains désormais inutiles, aux doigts tordus dans d'invraisemblables positions.

— Je passais des heures à tricoter des écharpes et des couvertures, sous la véranda. Pour qui ? Peu importe ! Il m'arrivait de donner mes petites couvertures à la maternité d'en face. Maintenant, je ne peux plus rien faire !

Écœurée, Ida Poirier a laissé retomber ses mains sur ses genoux et son regard a filé vers la fenêtre. Dans le silence embarrassé qui semblait s'éterniser, je me triturais les méninges, cherchant vainement à lui faire oublier sa souffrance.

Puis, sautant du coq à l'âne, ma patiente a lâché :

— Mouche me manque terriblement !

J'ai pris Ida par l'épaule et suis resté quelques instants à ses côtés, dans un silence complice. Devant son sourire de gratitude, je n'ai pu m'empêcher de penser qu'elle aurait sans doute préféré un chat.

— Voyez-vous, docteur, les animaux sont dotés d'un sixième sens. Pour peu que l'on comprenne leur langage, ils savent très bien communiquer. Quand j'étais malade, Mouche restait auprès de moi, sans bouger.

— Vous m'avez parlé de vos autres chats. Dites-moi, étaient-ils tous comme Mouche ?

Ida a retrouvé le sourire.

— Non, il n'y avait pas plus câlin que Ginger, toujours sur mes genoux ou à mes pieds, mais si j'avais besoin d'elle, elle ne le sentait pas. Non, c'est un don qu'elle ne possédait pas. Quant à Grover, il était...

— Vous avez appelé un chat Grover[1] ?

— Une lubie de ma nièce ! Sans doute aurait-il pu s'appeler « Oscar le mal luné ». À ses heures, il était plus mauvais qu'un serpent à sonnette, donc bien différent de Mouche.

— Croyez-vous ce qu'on dit sur cet animal, là-haut ?

Ida m'a toisé avec un petit sourire entendu.

— Dites-moi, docteur, vous n'êtes pas très « chat » ?

— Je ne prétendrais pas le contraire, mais je fais de louables efforts pour me corriger.

En entendant cette réplique, Ida s'est franchement esclaffée.

— Ça, je l'aurais parié ! Je me doutais bien que

1. Billet de 1000 dollars, à l'effigie du président Grover Cleveland.

vous étiez plutôt « chien ». Bon sang, vous êtes bien trop gentil !

L'humour d'Ida était contagieux et j'ai ri de bon cœur, ce qui ne pouvait mieux tomber.

— Je vous remercie, Ida. Je ne sais si c'est un compliment, enfin, je m'en contenterai pour aujourd'hui.

— Mais je vous en prie !

Une fois de plus, Ida cherchait à déchiffrer mon expression.

— Ça ne va pas, a-t-elle fini par lâcher tout à trac. Vous, vous me cachez quelque chose...

— Oh ! la journée n'a pas bien commencé !

Cette réponse m'a valu un sourire.

— Bah ! vous en verrez d'autres ! Allons, n'y pensez plus. Bien souvent... ce n'est pas si grave. Rentrez chez vous, embrassez votre femme et vos enfants, prenez une bonne bière et mettez-vous au lit. Ça ira mieux demain !

— Ordre du médecin ?

— Mais oui, je n'ai pas d'autre prescription !

*

Dans l'ascenseur, j'ai repensé à Ida, à ses pauvres mains estropiées, à son esprit toujours alerte. Pour être franc, et l'heure de vérité semblait avoir sonné, le plus perturbant était ce lien qui semblait nous unir. En observant cette femme, j'avais parfois l'impression de lire dans mon propre avenir. J'ai regardé mes mains, le pouce un peu épaté, gonflé au niveau de l'articulation. Voici dix ans, on m'a diagnostiqué une arthrite rhumatoïde, le mal qui ronge Ida. Mes yeux se sont posés sur le poignet droit... Comment ne pas penser à l'œdème du genou gauche et à la cheville enflée ? Un savant régime d'injections et de cachets est parvenu à faire taire la douleur, mais les signes d'inflammation sont toujours là. Inutile de compter sur ces articulations pour me mener sans encombre jusqu'au mythique « âge d'or ». Serai-je seulement capable de tenir mes petits-enfants dans mes bras ?

Quand je pense à ce que devait endurer Ida ! C'est terrifiant. Quelle malédiction d'être contraint de renoncer à ce qu'on aime ! Quoi de plus affreux que de vivre ainsi, dans l'attente de l'incident le plus insignifiant susceptible de rompre la monotonie. Je me suis vautré dans cette sombre humeur, m'apitoyant avec complaisance sur mon sort avant de chasser ces ruminations comme un accès de fièvre. Autant ne retenir que les « petites victoires » quotidiennes, vitales aux yeux de Kathy. Pendant plus de dix ans, j'ai eu tout loisir de méditer sur les ravages opérés par une affection chronique... Ida avait raison, bien sûr. La carrière n'est pas tout, ni les subventions, il y a aussi les petites victoires sur le quotidien, le superbe cadeau de chaque instant. J'étais encore capable de porter ma petite dernière dans l'escalier, de jouer au foot avec mon fils et de me pencher pour attacher mes lacets. Au diable les soucis, demain serait un autre jour !

La porte de l'ascenseur s'est ouverte sur le palier du troisième et je me suis retrouvé dans la zone d'accueil, entouré d'infirmières et d'aides-soignantes lancées dans un grand débat dont Oscar était le centre.

— Il a remis ça.

Lisa, la responsable des soins palliatifs, a renchéri :

— Oui, c'est bien ce que nous pensions, cette bête a des dons exceptionnels.

*

Sally est venue nous rejoindre de l'aumônerie.

— Où en est Kathy ?

— Bouleversée, bien sûr, mais elle s'en sortira. Elle a eu le temps de se faire à ce décès.

Je les ai quittées pour rejoindre Kathy qui pleurait en silence, les paupières gonflées, les doigts blottis dans ceux de sa mère. Elle s'est tournée vers moi avec un pauvre sourire et m'a serré dans ses bras. Affalé contre la jambe de Mrs Sanders, Oscar se tenait auprès d'elle.

— Je suis sincèrement navré.

Kathy s'est remise à pleurer et j'ai senti la tiédeur de ses larmes sous l'étoffe de ma chemise. Ma position était inconfortable, mais je l'ai serrée aussi longtemps que j'ai pu. Les yeux rouges d'être restée si longtemps sans sommeil, son chemisier froissé, mouillé de larmes, elle a fini par briser le silence tandis que je cherchais vainement les mots capables d'adoucir un tel chagrin.

— Je tiens à vous remercier de tout ce que vous avez fait pour maman, docteur Dosa.

Chassant ses larmes d'un revers de manche, Kathy a repris la main de sa mère. Oscar, qui semblait aussi épuisé qu'elle, a changé de position. Il a cligné des paupières et fixé Kathy qui s'est exclamée :

— Non mais, vous avez vu ça ? C'est incroyable !

— J'ai cru comprendre qu'il était présent quand votre mère est morte.

Malgré les larmes, Kathy a esquissé un vague sourire et tendu la main vers l'animal.

— Ouais, on est très copains maintenant.

Sensible à l'attention, Oscar a accueilli sa caresse d'un délicat coup de tête.

— À en croire l'infirmière et la dame de l'aumônerie, il n'en serait pas à son coup d'essai...

— C'est ce que j'ai cru comprendre. Ce manège durerait depuis une bonne année.

— Cet animal n'est vraiment pas ordinaire !

— Sans doute.

Commencerais-je à vaguement y croire, moi aussi ? J'ai posé ma main sur celle de Mrs Sanders pour lui faire mes adieux. Sur le lit, Oscar ronronnait doucement et nous sommes restés ainsi, sans un mot. Une question me taraudait, depuis le coup de fil de Mary, aussi ai-je fini par demander :

— Dites-moi, Kathy, la présence d'Oscar jusqu'aux derniers instants ne vous a-t-elle pas gênée ?

La fille de ma patiente a levé vers moi un regard solennel.

— Vous savez, docteur, pour moi, ce serait plutôt un ange gardien. Bien sûr, il a assisté maman, mais moi aussi, il m'a aidée. Auprès de lui... ma foi, je me suis sentie un peu moins seule. Comment vous dire ? Certains animaux... on croirait qu'ils savent ce qui va se passer. Je dirais même qu'ils semblent tout simplement accepter. Je ne sais pas... auprès d'Oscar, j'avais le sentiment que tout était dans l'ordre des choses. C'est vrai, non ? On parle toujours du miracle de la naissance, pourquoi la mort n'en serait-elle pas un ? Ma mère... son calvaire est terminé, elle est enfin libérée.

Kathy attendait une réponse, mais je n'ai pas réagi. D'ailleurs, qu'aurais-je pu répondre ?

— Maman n'aurait jamais voulu mourir ainsi, a-t-elle repris. C'était quelqu'un de fier. Si vous l'aviez connue avant la maladie, toujours bien mise et un sens de la repartie ! Elle avait beaucoup d'amour-propre.

Kathy a esquissé un vague sourire. Peut-être se souvenait-elle d'un bon mot qu'elle a gardé pour elle.

Non, il n'y avait pas lieu de s'inquiéter. Certes, les prochains jours seraient difficiles, cette femme allait tout de même enterrer sa mère et affronter les démarches et autres tracas accompagnant un décès, mais elle finirait par tourner la page. Au moins, n'aurait-elle plus à venir chaque jour à Steere House.

En prenant congé, je me suis rendu compte que nous ne ferions plus équipe, tous les deux.

— Prenez bien soin de vous.

Kathy a acquiescé, puis est retournée à ses pensées, auprès d'Oscar.

4

« Les chats s'y connaissent en matière de confort. »

James Herriot

En revenant à Steere House quelques jours plus tard, j'ai trouvé Mary occupée à brosser Oscar. Allongé dans toute sa splendeur sur le comptoir d'accueil, le chat ressemblait à un boxeur venant de disputer une importante rencontre... ou bien à un catcheur des temps héroïques, à en juger par son nom. Il ne lui manquait plus qu'un dossard de champion.

— Ah ! le héros du jour ! ai-je lancé.

— Mmm... depuis quarante-huit heures, sa dernière garde l'a épuisé.

Je n'ai pu me retenir de pouffer.

— Voyons donc... dormir affalé sur un lit, quel labeur harassant !

— Allez, moquez-vous ! Oscar est littéralement vidé. À chaque décès, il agit comme s'il était de garde, et ensuite, il se retrouve sur le flanc.

J'ai levé les yeux aux cieux, ce qui a le don d'agacer Mary autant que mon épouse.

Sans cesser de prodiguer ses soins au héros, cette dernière a tenu à préciser :

— Jadis, chats et chiens domestiques devaient gagner leur vie. C'est un travail comme un autre, après tout.

— À propos, le mien m'attend, ai-je répliqué en ouvrant le dossier que je cherchais depuis une heure.

Tous les médecins et infirmières vous le diront, si vous avez besoin d'un dossier, c'est précisément celui qui manque. Enfin, celui-ci devait avoir l'air fameusement tentant puisque le chat a fait un brusque écart pour sauter sur le comptoir, auprès de moi, avant de tourner deux fois sur lui-même et d'affaler sa grosse boule de fourrure sur mes papiers.

— Non, mais... c'est incroyable ! me suis-je exclamé, non sans un brin d'angoisse.

— Ici, ils sont chez eux, a décrété Mary. Nous ne faisons que travailler dans cette maison.

J'ai empoigné mon dossier pour le récupérer mais, refusant de bouger, Oscar me toisait d'un œil torve.

— Tu vas faire tant et si bien que je vais devoir m'asseoir ailleurs, c'est bien ça ?

Cette scène m'a valu un grand éclat de rire.

— Vous savez, David, avec un chat, vous n'aurez jamais le dernier mot.

Ma collègue s'est levée et m'a offert sa chaise.

— Allez, asseyez-vous. Moi, je dois m'occuper de Ruth Rubinstein.

— Y aurait-il du nouveau ? Vous voulez m'en toucher un mot ?

— Je n'en sais rien, Mr Rubinstein a demandé à me voir.

— Besoin de renforts ? ai-je proposé en esquissant un sourire stylisé.

— Non, ça devrait aller... mais gardez tout de même votre biper à portée de main, on ne sait jamais !

En regardant Mary s'éloigner, je me suis souvenu de ma première rencontre avec les Rubinstein.

J'ai beau adorer mon métier, ce n'est pas rose tous les jours. Souvent, je suis le détective assénant une vérité qui dérange, l'oiseau de malheur. Il arrive de voir éclore une sorte de complicité entre deux suspects qui se couvrent l'un l'autre, entre une mère et une fille, ou entre deux époux. Ce jour-là, tel était précisément le cas : les Rubinstein avaient fait appel à moi, mais ils œuvraient de concert afin de m'interdire l'intimité de leur couple. Quoi de plus naturel ? Ils avaient devant eux le messager chargé par le destin de confirmer ce qu'ils avaient secrètement compris. Or, il n'est jamais facile d'annoncer à un patient qu'il souffre d'un cancer, d'une pathologie cardiaque, d'emphysème ou autre mal implacable, atrocement invalidant jusqu'à l'issue fatale. Qu'y a-t-il de plus délicat à formuler qu'un diagnostic de démence, même si le patient en a la vague prescience ?

Voilà l'épreuve qui m'attendait, il y a trois ans de cela, face à ce couple aimant. Les yeux dans les yeux, j'ai dû briser l'existence de la dame de quatre-vingts ans que je venais d'examiner. Je connaissais cet air de « cerf affolé par l'éclat des phares » de l'époux car elle résumait parfaitement la situation : J'étais juge, jury, et bourreau à la fois. Ce qui n'était d'ailleurs pas inexact. Je me suis souvenu de la tirade de la souris, dans *Alice au pays des merveilles,* de la chute surtout : « Je serai juge et je serai jury, fit ce vieux renard de Fury. Je jugerai toute l'affaire et la sentence sera la mort. »

Quelques heures plus tôt, je me trouvais en compagnie de Mr Earl, délicieux vieillard de quatre-vingt-cinq ans n'ayant guère de soucis de santé et dont les méninges fonctionnaient à merveille. Pendant l'examen, il m'avait parlé avec force détails du roman qu'il avait entamé. Venant d'assurer une mission de bénévolat au sein d'une association locale, il avait quelques anecdotes à me raconter et m'avait également fait part de ses projets de voyage en Floride pour l'hiver. Je n'étais pas en avance sur l'horaire, mais je m'étais attardé quelques minutes en sa compagnie avant de me lever. Sans s'offusquer le moins du monde, Mr Earl s'était excusé d'avoir, bien malgré lui, abusé de mon temps. D'un geste, je l'avais rassuré et lui avais confié :

— J'aimerais être aussi en forme à votre âge !

— Ah ! j'ai de la chance ! avait répliqué mon patient. Je vais vous donner le truc : huit heures de sommeil, un régime sain et beaucoup d'amour !

Qui irait prétendre le contraire ?

À peine ai-je pointé mon nez dans le couloir que j'ai eu affaire à Donna Richards, responsable de mon secrétariat. À bout de nerfs, de toute évidence, celle-ci a ostensiblement consulté sa montre.

— Vous avez terminé ?

Comme j'acquiesçai, Donna a enchaîné :

— N'oubliez pas votre rendez-vous suivant. On s'impatiente en salle 3, le mari est venu me demander où était passé le médecin. J'ai bien essayé de brouiller les pistes, mais il va falloir accélérer le mouvement.

J'ai protesté que je faisais de mon mieux. Si quelqu'un était bien placé pour savoir le prix à payer afin que les aînés soient traités comme ils le méritent, c'était tout de même Donna ! Sa mère avait séjourné à Steere House.

J'ai néanmoins pris le temps de parcourir le dossier et les observations de mon collègue. Le vieux couple, fort bien mis, faisait grise mine, l'homme levait d'ailleurs le poignet en frappant sa montre d'un index furieux.

— Nous avions rendez-vous à 14 h 15, docteur ! Vous avez vingt minutes de retard.

— Je vous prie de bien vouloir m'excuser, navré de vous avoir fait attendre.

Hélas ! on ne va pas consulter comme on fait cirer ses chaussures ! Certains patients exigent plus d'attention que d'autres, mais les explications ne font qu'aggraver les choses. Je l'ai bien compris avec le temps. Mieux vaut tout bonnement s'excuser mais, ce jour-là, ce ne fut pas suffisant.

La réaction indignée de Frank Rubinstein n'avait rien de personnel. Ce monsieur était de la vieille école et avait l'impression que l'on avait manqué d'égards envers son épouse. D'ailleurs, il venait de la vieille Europe et son accent de l'Est, fort semblable à celui de mes propres grands-parents, me m'était pas étranger. Son comportement non plus...

En tant que médecin, je savais que l'angoisse peut revêtir bien des formes. Elle est d'ailleurs plus facile à identifier quand le patient se contente de doucement ronronner. Frank Rubinstein, lui, rugissait comme un lion défendant sa femelle contre les prédateurs, réels ou supposés. Je ne menaçais en rien son épouse. C'était d'ailleurs plutôt l'inverse, le danger venait d'elle.

Ruth Rubinstein, elle, semblait un peu gênée.

— Je vous prie d'excuser la grossièreté de mon mari, docteur. Vous avez beaucoup de patients à voir, je sais, mais Frank n'aime guère se rendre chez le médecin.

La vieille dame au sourire désarmant s'est aussitôt tournée vers un époux qu'elle a foudroyé du regard, et Frank a fort bien saisi le message. Depuis le temps qu'ils étaient ensemble ! J'en ai profité pour observer Ruth.

Parfaite dans une longue jupe et un corsage blancs, des yeux bleu-vert au regard chaleureux, la vieille dame était extrêmement séduisante. Une barrette en perles, un bijou de prix, retenait des cheveux superbes aux reflets argentés. Sa peau avait gardé la vitalité de la jeunesse et cette femme était certainement en aussi bonne forme qu'elle le paraissait.

Elle a vigoureusement pris la main que je lui tendais, et là, avec un serrement de cœur, j'ai senti une forte odeur de parfum m'assaillir les narines.

En m'approchant, j'ai vu mes soupçons se confirmer : l'eau de toilette ne parvenait pas à masquer l'odeur musquée reconnaissable entre toutes, une odeur d'urine signant l'incontinence. Le doute n'était plus permis.

Je me suis de nouveau présenté, demandant aux visiteurs ce qu'ils attendaient de moi. Mr Rubinstein s'est alors lancé dans une longue explication.

— Ce n'est pas de gaieté de cœur que nous sommes ici, vous l'aurez compris, mais la santé de ma femme m'inquiète.

Cherchant sans doute à clarifier sa pensée, le vieil homme a baissé les yeux avant de reprendre :

— Ce qui me soucie...

À peine audible, à présent, ce monsieur tenait manifestement à aborder les ennuis de son épouse avec délicatesse.

— Je vous en prie.

Comme je l'encourageais à poursuivre, Frank Rubinstein a levé les yeux vers moi.

— Depuis quelque temps, ma femme a un comportement un peu bizarre. Elle ne sait plus où sont les choses... L'autre jour, ne trouvant plus ses clés, elle m'a accusé de les avoir égarées, mais j'ai fini par les dénicher dans le réfrigérateur, avec les achats que nous venions de rapporter. Il lui arrive aussi de ne pas retrouver son chemin en revenant du supermarché. Il y a quelque temps, ne sachant plus où elle se trouvait, elle m'a appelé de l'autre bout de la ville.

Le regard du mari s'est tourné vers une épouse qui gardait les yeux rivés sur le magazine posé sur ses genoux, comme si la conversation ne la concernait pas.

J'en ai profité pour observer Frank de plus près. Bien que sensiblement du même âge, il paraissait plus vieux que sa femme. Ignorant tout de la mode, il portait un complet datant des années 1970, et le peu qu'il restait de ses rares cheveux était en bataille. Comme il continuait à égrener les péripéties que leur avaient values les trous de mémoire de son épouse (le jour où elle avait oublié de le retrouver au café, le jour où elle avait mis la bouteille de lait dans le placard), je me suis tourné vers Ruth. C'était Frank qui allait avoir besoin de soins... Ne perdant pas un mot de ce qu'il disait, sa femme le fusillait littéralement du regard.

L'air de rien, j'ai ensuite posé quelques questions à la patiente, histoire d'évaluer sa mémoire, mais Ruth esquissait avec habileté en faisant appel à son mari. Souvent, les vieux couples sont unis par un lien quasi symbiotique, et les Rubinstein ne faisaient pas exception à la règle. Quand j'ai voulu connaître le nom de son restaurant favori, d'un ton badin, Ruth s'est arrangée pour faire répondre Frank.

— Chéri, comment s'appelait donc cette maison où nous avons dîné, l'autre soir ?

— Le Palais d'or, Ruth.

— C'est ça. Connaissez-vous, docteur ?

J'ai fait signe que non.

— Il faut essayer, croyez-moi. Nous aimons beaucoup cet endroit, la cuisine y est excellente.

— Que préférez-vous ? ai-je demandé en parfait émule de l'inspecteur Columbo.

— Oh ! tout !

— Et qu'avez-vous pris, la dernière fois ?

Le regard ailleurs, la vieille dame, qui semblait tourner les pages vierges d'un agenda imaginaire, a fini par appeler son mari à la rescousse.

— Du canard laqué, docteur.

— Bien sûr, du canard laqué !

Ruth était aussi fière d'elle que si elle avait trouvé la réponse toute seule.

— C'était exquis ! Il faut y aller, je vous assure.

J'ai promis en souriant, néanmoins dérouté par cette conversation. Si ses manières étaient irréprochables, Ruth souffrait manifestement de quelques troubles de mémoire. Elle savait habilement les dissimuler en s'appuyant sur son époux, mais quand je parvenais à la priver de cette béquille, le problème devenait flagrant. Quelques exercices assez simples ont suffi à étayer mes soupçons.

J'ai tendu une feuille et un crayon à ma patiente.

— Je vais vous demander de tracer un grand cercle, et nous dirons qu'il s'agit d'une horloge. Voulez-vous placer les chiffres sur le cadran ?

Cette tâche à la portée du premier écolier venu a donné du fil à retordre à la vieille dame. Sans l'aide de son mari, Ruth peinait à placer les chiffres sur le cadran, se concentrant comme s'il en allait de sa survie. D'ailleurs, c'était un peu ça. Au bout d'une minute, elle a fièrement levé les yeux et m'a tendu la feuille comme une élève qui rapporte un excellent devoir à ses parents. J'ai pu constater que les chiffres de 1 à 12 étaient correctement placés, et lui ai demandé de positionner les aiguilles sur 2 h 45.

Cette consigne m'a valu un sourire inquiet, puis le regard de Ruth a filé vers la pendule placée au-dessus de la porte, qu'elle a observée un moment avant d'objecter :

— Franchement, docteur, je ne vois pas en quoi cela me concerne. Je vais très bien. Qu'est-ce que mon mari a été inventer !

— Je sais, Mrs Rubinstein, ce test peut paraître idiot, mais il me permettra de comprendre ce qui se passe. Pourriez-vous simplement placer les aiguilles sur 2 h 45, je vous prie ?

Ma patiente prenait la mesure de l'adversaire, mais j'ai tenu bon.

Manifestement agacée par une requête absurde, Ruth est revenue aux chiffres inscrits sur la page avec un hochement de tête exaspéré.

— Quelle heure, dites-vous ?

— 2 h 45.

La tension était montée d'un cran, Ruth Rubinstein martelait le papier de la pointe de son stylo avec un petit rire nerveux.

— Je n'ai jamais été très bonne en maths, a-t-elle fini par avancer.

L'exercice requérait plutôt des aptitudes visuelles et spatiales, ainsi que de bonnes capacités d'exécution, mais ça, je n'avais pas le cœur à le lui asséner. C'est bien simple, l'exercice de la pendule sert de test de référence, s'il est réussi, le patient a de bonnes chances d'être indemne. Ce test permet également d'évaluer avec précision le comportement au volant. Si seulement la prévention routière pouvait y avoir recours !

J'ai patiemment attendu. Au bout de quelques minutes, Ruth a fini par placer l'aiguille des heures en face du 2. Puis, comme des milliers de patients dont la mémoire est défaillante, elle a positionné celle des minutes non sur le 9, mais entre le 4 et le 5.

De nouveau convaincue d'avoir passé l'examen avec succès, Ruth semblait ravie. Son mari, en revanche, ne partageait pas son enthousiasme. Le regard de Frank s'était embué et je l'ai vu chasser une larme furtive avant qu'elle ne glisse.

Sans faire de commentaire, j'ai lancé une seconde batterie de tests. Ruth a paru déçue de mon absence de réaction, mais que lui dire ? Une chose est sûre, ma réponse aurait déplu.

— Bien, Mrs Rubinstein, voici trois mots que je vais vous demander de garder en mémoire.

J'ai énuméré les termes *pomme, livre* et *manteau,* à répéter après moi. Ruth en a retenu deux ; cinq minutes plus tard, elle aurait probablement tout oublié. Je lui ai fait épeler ensuite un mot de cinq lettres, *monde,* et elle n'a commis aucune erreur.

« Je vous l'avais dit, tout va très bien ! », semblait proclamer son sourire éloquent.

— Pourriez-vous maintenant épeler ce mot en commençant par la fin ?

Cette requête m'a valu un regard noir.

— Je ne vois pas à quoi peut bien rimer tout ça, docteur. Je vais parfaitement bien.

J'ai répété la question et Ruth a eu la plus grande difficulté à replacer une lettre sur cinq.

Je lui ai donné ensuite une minute pour noter le nom de tous les quadrupèdes dont elle se souviendrait. En temps normal, les patients en citent plus de dix, et mon petit garçon de trois ans fait déjà mieux. Mrs Rubinstein, elle, n'en a trouvé que six, le mot « chat » revenant deux fois.

Après deux ou trois autres tests de cet ordre, j'ai

accompagné Frank dans la salle d'attente afin de procéder à un examen médical complet. Le vieil homme n'était pas très enthousiaste, mais le sourire rassurant de son épouse a su le convaincre. Du moins a-t-il fini par obtempérer sans joie.

— Tout va bien, chéri. Cela fait sûrement partie de l'examen.

J'en ai profité pour poser à Frank deux ou trois questions plus directes. Là encore, l'expérience m'a appris que les proches hésitent à mentionner certains détails devant un malade potentiel.

— Votre épouse serait-elle sujette aux comportements à risque ?

— Qu'entendez-vous par là, docteur ?

— Lui arrive-t-il de laisser couler le robinet de la baignoire ou de laisser la cuisinière allumée ?

— Elle a bien dû faire brûler la viande une ou deux fois, mais Ruth n'a jamais été très bonne cuisinière.

Frank a esquissé un pauvre sourire.

— Des accrochages en voiture ? Elle n'aurait pas percuté la glissière de sécurité ?

On ne parle guère de ce genre de problème, mais les patients atteints de démence sont souvent cause d'accidents.

— Auriez-vous constaté certaines modifications de comportement ?

— Ruth est devenue plus méfiante. L'autre jour, en revenant du bar où j'avais un peu traîné avec des copains, je l'ai surprise occupée à fouiller dans mon portefeuille et elle m'a accusé de voir une autre femme. Pour rien au monde je ne ferais une chose pareille, croyez-le, docteur !

J'ai laissé Frank dans la salle d'attente. Dans le cabinet, Mrs Rubinstein, qui avait enfilé la blouse jetable, m'attendait, assise sur la table d'examen.

— Je n'ai rien, docteur, j'en suis certaine.

Persuadée que j'étais convaincu du contraire, Ruth a voulu sonder mon regard, mais j'ai appris à ne rien laisser paraître. Dommage que je ne joue pas au poker, je ferais un malheur !

— Alors, que vous racontait mon mari ? Je me demande pourquoi il s'inquiète à ce point.

— Parce qu'il vous aime, ai-je répliqué en souriant. Il se fait du souci. Dites-moi, depuis combien de temps êtes-vous mariés ?

Ruth a levé les yeux en m'offrant un sourire radieux.

— Nous nous sommes connus en Europe, pendant la guerre.

— Ah, oui ? C'était il y a trente, quarante ou cinquante ans ?

Devant mon insistance, Ruth Rubinstein a répliqué avec un fatalisme de circonstance :

— Trop longtemps, docteur. Bien trop longtemps !

J'ai souri. Finirai-je un jour, moi aussi, par oublier depuis combien de temps je suis marié ? Cependant, je n'étais pas dupe, si Ruth Rubinstein cherchait à faire de l'humour, c'était pour masquer le fait qu'elle ignorait la réponse.

— Je vous avouerai que je partage quelque peu son inquiétude, Mrs Rubinstein.

Ruth a posé sur mon poignet une main rassurante tout en hochant la tête.

— C'est juste un peu de fatigue ! J'ai des tas de choses en tête, vous savez.

— C'est possible, Ruth, mais je crains qu'il n'y ait pas que cela. Vous voulez bien passer quelques tests supplémentaires ?

— Mais pourquoi ? Quel genre de tests ?

Impossible de feindre plus longtemps.

— Je serais plus tranquille si vous acceptiez.

De mauvaise grâce, Ruth a fini par céder.

— Si vous estimez que c'est absolument indispensable...

— Il y a longtemps que ces trous de mémoire inquiètent votre mari ?

À présent, la patiente était sur la défensive.

— Je ne sais pas. Il ne cesse de répéter que ma mémoire n'est plus ce qu'elle était. Mais c'est le contraire qui serait étonnant ! Enfin, docteur, regardez-moi, je ne suis plus toute jeune !

Face à une telle candeur, j'ai éclaté de rire. Au moins, Ruth n'avait-elle pas perdu son sens de l'humour. On croit que la mémoire baisse avec l'âge. C'est inexact ! Une idée fort répandue veut que les troubles de mémoire soient plus fréquents chez les gens âgés, or ces défaillances ne sont pas liées à l'âge, elles sont anormales et il faut s'en inquiéter.

— Allons, vous n'êtes pas si âgée ! On vous donnerait facilement vingt ans de moins.

— Je vous remercie, docteur.

Je crois bien que Ruth a rougi, aussi ai-je préféré en rester là et laisser ma patiente se rhabiller.

Quand je suis revenu en compagnie de son mari, je l'ai trouvée sombre et j'ai lu dans son regard un muet désespoir.

— Enfin, docteur, à quoi riment tous ces tests ? Je vais très bien, il me semble ? J'ai tant de soucis, depuis quelque temps...

Les yeux de ma patiente tenaient un tout autre langage, quelque chose clochait, elle le savait. D'ailleurs, la plupart du temps, les patients savent.

Incapable de soutenir son regard, j'ai baissé les yeux.

Tous deux avaient compris.

Il arrive que l'on pleure quand tombe le verdict, mais ce jour-là rien ne vint troubler le silence. J'aurais préféré les larmes. Au moins peut-on essayer de se rendre utile, se pencher pour attraper la boîte de mouchoirs en papier sur l'étagère, poser une main rassurante sur une épaule.

Le pire, c'est le silence.

En fac de médecine, on vous apprend à affronter ce genre de situation avec détachement, mais non sans empathie. *Écouter, soutenir, mais ne jamais s'impliquer.*

Facile à dire !

J'appartiens à l'espèce humaine. Des liens se

nouent avec les patients, je fais la connaissance des proches, on me parle des enfants et des petits-enfants. Je finis par célébrer leurs victoires et les épauler dans les moments difficiles. Établir une relation de confiance qui permette au patient de se livrer sans malaise, voilà un des aspects les plus exaltants de ce métier. Le cabinet médical devrait être un havre, une arène où l'on débarque avec ses anges et ses démons, où l'on partage ses pires angoisses et ses secrets les plus intimes. En échange, l'honnêteté est de mise, et ça, c'est parfois très dur.

— Je suis navré, Mrs Rubinstein, mais les tests ont mis en évidence que certaines zones de mémoire fonctionnent moins bien. Les examens plus poussés auxquels j'aimerais vous soumettre permettront de cerner un peu mieux le problème.

Les Rubinstein n'avaient manifestement pas saisi.

— Écoutez, je pense que vous êtes atteinte d'une forme de démence, terme médical qui désigne les troubles de mémoire.

Silence. Pas une larme. Au-dessus de la porte, j'entendais le tic-tac de la trotteuse sur le cadran que Ruth avait consulté pour exécuter l'exercice.

— C'est la maladie d'Alzheimer, docteur ?

Le vieil homme se trouvait brusquement aux commandes d'un navire dérivant en mer inconnue, sans instruments de navigation, sans même la moindre carte.

— Je souhaiterais demander des examens complémentaires, mais cette pathologie est en effet la forme de démence la plus répandue. Or, les résultats des tests ne permettent pas d'écarter un tel diagnostic.

Frank ayant acquiescé d'un air sinistre, je leur ai donné quelques précisions sur la maladie : effets sur les cellules cérébrales, pertes de mémoire, éventuelles modifications de la personnalité. Pour les rassurer, j'ai mentionné ensuite les rares remèdes susceptibles de retarder l'apparition des symptômes, ajoutant qu'avec un peu de chance, l'évolution serait lente. M'appuyant sur des découvertes récentes, j'ai recommandé l'exercice régulier afin d'entretenir la mémoire. Pour conclure, je leur ai donné l'assurance que Ruth finirait par décéder *avec* ce type de démence et non *de* la maladie.

Piètre consolation quand on vient de vous asséner que votre existence ne sera jamais plus la même. Leurs deux existences.

Face à ces êtres bouleversés, je me suis décidé à briser un silence pesant. Avaient-ils d'autres questions ? Les voyant secouer la tête, j'ai quitté la salle d'examen pour regagner mon bureau.

— Docteur !

Frank, qui m'avait suivi dans le couloir, a posé la question qui surgit sur toutes les lèvres.

— Combien de temps lui reste-t-il ?

— Je vous avouerai que je l'ignore, Mr Rubinstein.

— Enfin, docteur, vous devez bien avoir une petite idée...

Poussé dans mes derniers retranchements, je me suis hasardé à une prédiction.

— La maladie en est encore à un stade précoce, mais l'état de la mémoire donne à penser que votre épouse aura perdu son autonomie d'ici trois à cinq ans.

D'abord incrédule, Frank a soudain paru furieux. S'il avait eu une arme à portée de main, je crois qu'il m'aurait tiré dessus. Comme si j'étais responsable ! Je m'étais contenté de poser le diagnostic.

Au risque de me répéter, il m'arrive de détester ce métier.

5

« Il n'y a que le premier chat qui coûte. »

Ernest Hemingway

Un grand portrait de Henry Steere trônait au-dessus du piano du salon. L'ambiance était douillette dans le hall baigné de soleil, mais ce n'est pas ce qui m'a frappé cet après-midi-là. Lors de ma première visite, les lieux étaient déserts et j'ai entendu monter du piano un prélude de Chopin. J'ai cherché du regard un pensionnaire moins handicapé que les autres, voire un proche venu s'exercer, mais je n'ai croisé que les regards intrigués des deux hôtes confortablement installés sur le tabouret dont ils étaient les seuls occupants, à savoir Billy et Munchie. Le tableau offert par ces deux chats, assis au piano dans cette ambiance musicale, était hallucinant... et j'ai fini par comprendre que j'avais devant moi un piano mécanique.

Ce jour-là, je profitais de quelques instants perdus avant que les visites ne commencent. Dans mon fauteuil mœlleux, je comprenais à quel point l'atmosphère était importante dans un endroit comme celui-là, dernier foyer pour nombre de patients. Pour essayer d'oublier la réalité, la douceur est de mise. Si Steere House y était parvenu, peut-être le devait-on à une tribu de chats, à un patio vitré et aux notes de Mozart sous les doigts des plus grands interprètes.

Comme par magie, un chat est venu se frotter contre mes jambes. D'un noir tirant sur le gris, avec une touche de brun et un peu de châtain, Munchie n'a vraiment rien d'ordinaire. On dirait une toile expressionniste ratée. Comme il poussait de longs miaulements pour réclamer des caresses, j'ai tendu une main prudente vers ses oreilles. Il s'est aussitôt mis à ronronner en cognant contre mes jambes telle une auto tamponneuse.

— Dis donc, toi, tu n'es pas trop méchant ! Tu ne m'agresses pas comme certains que je connais.

Munchie a levé les yeux et s'est couché sur mes pieds, jusqu'à faire disparaître mes chaussures. Tandis qu'il s'installait pour un petit somme, un de ses congénères noir et blanc, plus commun, s'est approché pour sauter sur mes genoux. Billy a fait deux tours sur lui-même avant de se pelotonner avec un regard éloquent : « Non mais, tu ne pensais tout de même pas t'en tirer sans même une petite caresse ? », semblait-il me dire.

J'ai changé de tête en entendant sonner mon biper. Comment les chats font-ils donc pour ne s'intéresser à vous que si vous êtes attendu ailleurs ?

— Désolé, les gars, leur ai-je lancé en me redressant. Mary vient de m'appeler et je suis censé aller voir Mrs Rubinstein.

Munchie a filé en trottinant et Billy a bondi au sol avec ce souverain dédain si typiquement félin. Quelque peu coupable de l'avoir brusqué, je me suis penché pour une douce caresse, mais vite lassé, il a rejoint son copain d'un pas nonchalant.

En ce qui concerne la gent féline, le terme « inconstant » a tout du pléonasme !

Je me suis retourné sur le seuil du hall ; les deux compères étaient partis dans une comique course-poursuite. Ne vivant que dans l'instant, ils n'avaient que faire de mes allées et venues. Moi dont le quotidien n'est que bipers, échéances, rendez-vous et responsabilités, cela ne m'aurait pas déplu d'être chat.

En pénétrant dans l'ascenseur, j'ai machinalement jeté un coup d'œil vers le fond, m'attendant presque à y trouver Henry, le tout premier pensionnaire. Si Steere House se distingue à ce point des autres établissements, c'est grâce à cet animal et à ses successeurs. Cette maison héberge en effet une véritable ménagerie où chats, oiseaux et lapins vivent en bonne intelligence.

Il n'en fut pas toujours ainsi. Avant les années 1980, on ne parlait pas de thérapie animale dans un établissement de soins, où les animaux n'avaient pas leur place. Qui aurait osé imaginer introduire de « sales » bêtes dans un milieu censé rester stérile ? À cette époque, plusieurs scientifiques ont introduit le concept de « lien » unissant l'homme et l'animal, en démontrant les effets bénéfiques sur le bien-être physique et psychologique des patients. Par la suite, de nombreuses études sont venues étayer cette conception des soins, démontrant que cette approche thérapeutique parvenait à considérablement réduire les symptômes dépressifs et le sentiment de solitude, si fréquents dans les établissements de long séjour. Une théorie qui tient la route, à mon sens. Si les gens aiment les animaux, pourquoi ne souhaiteraient-ils pas leur présence dans leur dernier foyer ?

Il serait tentant de prétendre que les adoptions de Steere House sont le fruit de ces travaux, mais pour être honnête, nous les devons à un brave petit gars nommé Henry. On a cherché à se débarrasser de lui par tous les moyens, mais il fut bien le premier pensionnaire de la maison, au sens littéral du terme.

La fondation Steere House a vu le jour dans les années 1900, mais depuis cette époque l'établissement a connu plusieurs existences successives. Il s'est agrandi afin de s'adapter aux besoins de la communauté. Lors de la construction de l'actuel bâtiment, les ouvriers remarquèrent la présence d'un chat qui s'était installé sur le chantier, une bête qui avait aussi la réputation d'avoir volé deux ou trois repas laissés sans surveillance. Les travaux terminés, l'animal disparut et tout le monde l'oublia mais, quelque temps après l'inauguration, il revint en tournée d'inspection. Un jour, de bon matin, il pénétra dans le service, parut apprécier ce qu'il découvrait et s'installa sur l'un des confortables fauteuils relax. Dans un premier temps, le personnel s'obstina à vouloir le chasser. Peine perdue ! Sans se laisser démonter, Henry franchissait chaque matin les portes coulissantes et se comportait en propriétaire de droit.

— J'étais là le premier ! semblait-il proclamer à chaque coup de queue.

Comme j'ai pu en faire l'expérience avec Oscar, lors du conflit nous opposant pour la conquête du comptoir, la victoire ne revint pas à l'ancien administrateur. La persévérance d'Henry finit par payer et le personnel renonça à chasser l'animal. À l'issue d'une réunion spécialement convoquée pour la circonstance, les dirigeants durent se résoudre à tolérer la présence de l'hôte indésirable. Comme il lui fallait un nom, on lui donna celui du mécène qui avait permis au bâtiment de sortir de terre, Henry Steere, dont le portrait trônait, à l'époque, au-dessus du fauteuil favori de notre Henry. Cela allait de soi.

Henry resta donc à Steere House et, durant près de dix ans, il fut l'enfant chéri de la maison, personnel et pensionnaires confondus. Jusqu'à son dernier souffle, il était connu pour hanter l'ascenseur, toujours en quête d'un coin douillet où se chauffer au soleil. Hélas ! le temps finit par le rattraper, comme les autres pensionnaires. La dernière année, la pauvre bête avait perdu la vue et se cognait partout. Son comportement devenait de plus en plus bizarre au fil des jours. S'il quittait le service, il lui arrivait même de se perdre. Ironie du sort, une équipe se lançait à sa recherche pour ramener l'ancien proscrit au bercail. En le voyant pelotonné dans l'ascenseur, montant et descendant une bonne centaine de fois durant la même journée, les visiteurs intrigués demandaient :

— Il y a un chat dans l'ascenseur, vous le savez ? Il ne semble pas décidé à bouger.

Le personnel les rassurait alors gentiment :

— Oh ! Henry ? Oui, il est comme ça.

À vrai dire, à Steere House, on commençait à se poser des questions. Comme tant de pensionnaires dont il partageait l'existence, Henry ne serait-il pas atteint de démence ? Son comportement récent confirmait chaque jour ce diagnostic.

Vers la fin, le pauvre Henry ne pouvait plus manger. Il maigrissait et devenait incontinent. À tel point qu'on envisagea une euthanasie. Certains employés redoublèrent alors d'attentions à son égard pour lui éviter un aller simple chez le vétérinaire. Comment ne pas secourir la pauvre bête ? Henry ressemblait tant aux patients dont on s'occupait du matin au soir !

Il eut heureusement la bonté de se coucher un soir pour ne plus se réveiller, épargnant aux soignants la pénible décision d'abréger ses souffrances. Quelques jours plus tard, tout Steere House ou presque, employés et pensionnaires confondus, assista à des obsèques dignes d'un chef d'État. Henry eut droit à un éloge funèbre, un membre de l'équipe lui ayant même fabriqué un petit cercueil en bois. À l'issue du service, tout le monde écrasa une larme avant de conduire le chat à sa dernière demeure, dans le parc, derrière le bâtiment.

Henry avait réussi à révolutionner la politique culturelle de la maison. Grâce à lui, l'amour des animaux s'est progressivement imposé à Steere House, désormais plus proche de l'idée que l'on se fait d'un vrai foyer. Très éprouvés par la disparition de leur mascotte, certains réclamaient à cor et à cri un successeur. À tel point que l'administrateur finit par capituler devant l'insistance du personnel et des patients les moins atteints, et l'on se mit en quête de candidats. Recrutés par l'intermédiaire des petites annonces, Oscar et Maya vinrent s'installer au troisième, quant à Billy et Munchie, qui avaient survécu au décès de leur maître, ils furent amenés par une infirmière. Enfin, l'unité de démence légère du premier étage accueillit Chico et Molly. En tout, six remplaçants ont assuré la succession de Henry, sans compter les autres animaux, accueillis dans le service en souvenir d'un proscrit qui refusait obstinément de s'en aller.

Nous avions décidé d'accueillir des chats dans l'espoir que cette maison ressemble à un véritable foyer, mais n'y avait-il pas une leçon à tirer de la présence de ces animaux ? Pour bâtir un foyer, il faut une famille.

6

« Seule la longueur d'un chat qui dort permet d'apprécier la chaleur du jour. »

Charles J. Brady

Face à une pathologie incurable, l'équipe soignante propose de réduire l'offre thérapeutique, vaste débat qui déborde largement le problème de la réanimation cardio-pulmonaire. En effet, quels examens, quels traitements faut-il proscrire ? C'est une question sensible qu'on ne saurait régler en une seule discussion. La prise en charge des patients doit-elle se limiter aux soins palliatifs ?

Face à un cancer en phase terminale, le débat reste très concret : douleur, nausées, amaigrissement brutal, perte d'appétit, voire hépatite, le patient peut même présenter des défaillances organiques. Certes, l'épreuve est pénible, mais devant des symptômes aussi manifestes, il est facile d'expliquer la situation à la famille. Dût-il abréger les jours du malade, le traitement antidouleur est généralement bien accepté comme ultime recours quand nous n'avons rien d'autre à proposer.

En cas de démence, c'est une autre affaire.

Bien sûr, le mal est incurable, mais il évolue si lentement... Comme l'érosion grignote la plage, ses effets ne sont mesurables qu'en termes de mois ou d'années. Ni douleurs ni sensations désagréables. D'un point de vue éthique, le débat n'est pas simple puisque l'on nage en pleine abstraction. Familles et soignants se trouvent confrontés à des choix cornéliens. Faut-il renoncer aux antibiotiques quand il existe un traitement pour la pneumonie ? En cas de pathologies aussi courantes qu'une anémie ou un amaigrissement, doit-on pousser les investigations afin de poser un diagnostic ? De leur côté, les médecins sont confrontés à un autre problème : est-il cohérent de poser ce diagnostic ? Si un cancer ou toute autre affection se déclare, faut-il intervenir ? Sinon, à quoi cela sert-il de prescrire des examens ?

Dans la maladie d'Alzheimer, phases aiguës et rémissions ne cessent d'alterner, aussi les proches soumis à ce régime de montagnes russes finissent-ils par nourrir de faux espoirs. J'entends, par exemple : « Si on parvient à traiter la pneumonie, je suis sûr que maman ira mieux. » Ou encore : « Si papa parvient à franchir ce cap, son état ne pourra que s'améliorer. » La pneumonie, le staphylo ou la fracture de la hanche guéris, la famille considère le séjour à l'hôpital comme une panacée et finit par croire au miracle. C'est oublier qu'une affection chronique progresse même en dehors des phases aiguës, et qu'un malade affaibli est moins bien armé pour franchir l'obstacle suivant.

Chez un patient atteint de démence, fixer une limite tient de la gageure. Il s'agit d'un terrible dilemme, tant pour l'équipe soignante que pour les proches. J'en ai fait l'expérience avec Frank et Ruth Rubinstein.

— Docteur Dosa, il faut que vous passiez voir ma femme. Tout de suite !

Affolé par le ton impérieux, Oscar qui se prélassait sur son comptoir, comme à son habitude, a filé se réfugier auprès de Mary, sous le bureau. Que n'étais-je aussi leste ! J'en aurais volontiers fait autant.

— Que puis-je pour vous, Mr Rubinstein ?

— C'est Ruth. Elle est de plus en plus confuse et ne mange plus, je suis très inquiet.

— Le temps de régler quelques détails administratifs et je suis à vous.

Cette réponse m'a valu un coup d'œil furieux. Un instant, j'ai cru que le vieil homme, sans bouger, allait attendre que j'aie terminé, mais il a tourné les talons en marmonnant. J'ai dû prendre sur moi... Allons, Frank se minait, et s'il bougonnait comme un vieux ronchon c'était pour extérioriser son angoisse.

— Pourriez-vous me mettre au courant ? ai-je demandé à Mary en le regardant s'éloigner.

— Ça ne va pas très fort. Ruth ne mange plus. Elle a perdu plusieurs kilos et Frank aimerait que l'on prenne la chose plus au sérieux. C'est ce qui l'inquiète, je crois.

— De quel ordre, cet amaigrissement ?

— Cinq kilos, environ.

Bien sûr, c'était préoccupant. Ironie du sort, j'ai dans ma clientèle de nombreux patients diabétiques, hypertendus ou pleins de cholestérol qui se seraient fort bien trouvés de cette perte de poids, mais cette dame devait peser quarante-cinq kilos toute mouillée en arrivant à Steere House. Cinq kilos, ce n'était pas rien.

— Faut-il craindre autre chose, à votre avis ?

Mary a haussé les épaules avec fatalisme.

— On peut tout envisager, mais pour être franche, il me semble que la démence s'aggrave. Au fait, Frank redoute un cancer du côlon. Il voudrait l'avis d'un gastro-entérologue.

Pour un patient en bonne forme, la visite chez le gastro-entérologue et la coloscopie auraient été de mise, mais l'état de Ruth se dégradait si vite que tous ces examens et protocoles de soins ne semblaient pas indispensables « dans l'intérêt de la malade ».

— On peut interrompre certains traitements. A-t-on envisagé cette éventualité avec son mari ?

— Moi, je ne m'y risquerais pas.

J'ai lancé un regard d'envie au chat, pelotonné dans son coin.

— Vous n'auriez pas une petite place, là-dessous ?

— Rien ne coûte d'essayer. Mais qui s'y est collé, la dernière fois ?

Mon premier contact avec les Rubinstein s'étant soldé par un cuisant échec, je fus assez surpris de les revoir. Je les soupçonne d'ailleurs d'avoir été consulter mes confrères dans l'espoir d'entendre un autre diagnostic. À leur place, j'en aurais probablement fait tout autant. Frank était furieux et Ruth avait peur. Ils formaient tous deux le tandem classique du déni. D'ailleurs, peut-être avaient-ils tout bonnement décidé d'ignorer le problème, mais comme la politique de l'autruche ne mène jamais très loin... ils sont revenus me consulter un an plus tard. Depuis, je les ai régulièrement revus.

Un temps durant, les visites au cabinet furent très bénéfiques. Le couple semblait accepter le verdict et essayait de faire front, cependant Ruth oublia peu à peu les manières irréprochables qui lui avaient jusque-là permis de faire oublier ses troubles de mémoire. Tolérant mal de voir son état se dégrader, elle finit par s'isoler et sombra dans la dépression. Un traitement adapté la soulagea quelque temps, sans entraver pour autant le déclin des facultés cognitives. Elle faisait brûler le repas, oubliait les recettes les plus simples. Son mari trouva la parade en commandant des plats cuisinés, et quand elle fut incapable d'assumer les soins du ménage, il engagea une domestique.

Ruth déclinait, mais l'amour était toujours là. Celui dont nous rêvons tous. Frank restait d'une patience admirable, témoignant de sentiments toujours plus profonds. Si Ruth oubliait un nom ou un souvenir, il la corrigeait avec beaucoup de gentillesse. Elle était l'objet d'un véritable culte et il avait toujours un geste pour l'aider à se lever, lui donnait le bras pour remonter le couloir. Je la suivais depuis un an environ lorsque Frank m'a pris en aparté, au moment de partir. Penaud tel un adolescent qui achète ses premiers préservatifs, il m'a demandé si je n'avais pas des échantillons, quelque chose contre les pannes de l'érection. Leur vie amoureuse n'ayant jamais été aussi intense, il ne pouvait plus satisfaire aux exigences de Ruth... phénomène qui n'a rien d'exceptionnel chez un couple marié où l'un des conjoints est atteint de démence. J'ai souri en mon for intérieur. Nous dénions toute vie sexuelle à nos parents ou grands-parents, apanage, croyons-nous, de jeunes gens pleins de sève. C'est fou ce qu'on ne voit pas... ou qu'on préfère ignorer.

Au fil du temps, l'état de Ruth a continué de se dégrader. Frank ne parvenait plus à faire face aux lourdes charges que lui imposait la situation. Je le trouvais chaque fois plus exténué, plus négligé. Il était sur la brèche vingt-quatre heures sur vingt-quatre et sept jours sur sept, et ce rythme épuisant commençait à le miner. Tournant sept fois la langue dans ma bouche, je lui ai donc conseillé d'engager une personne à plein temps ou de placer son épouse dans un établissement spécialisé. Je connaissais toutefois la réponse.

— Comment pouvez-vous me suggérer de mettre ma femme à l'hospice ? Vous me pensez donc incapable de m'occuper d'elle ? Pourquoi la Sécurité sociale ne prend-elle pas en charge l'auxiliaire de vie, d'ailleurs ? Me croyez-vous si fortuné ?

Navré, j'ai dû lui annoncer que le régime d'assurance maladie ne finançait pas ce type de prestation. En revanche, une aide à domicile lui éviterait le placement en maison de santé, beaucoup plus onéreux.

Hors de lui, Frank s'est exclamé :

— Bon Dieu, pourquoi donner tout ce fric à la Sécu si on ne vous rembourse jamais rien ?

Il prêchait un converti... ce qui ne changeait rien au problème.

Financièrement, c'était très lourd, mais deux ou trois semaines plus tard, Frank s'est décidé à engager quelqu'un pour le seconder. Hélas ! cette aide se révéla vite insuffisante. Trois ans, quasiment, après leur première visite, j'ai reçu un appel des urgences. Une pneumonie nécessitant l'hospitalisation s'était déclarée. Placée sous antibiotiques, Ruth vit tout d'abord son état s'améliorer. Cependant, le lendemain de son entrée à l'hôpital, confuse et ne sachant plus où elle se trouvait, elle se leva en pleine nuit et fit une lourde chute en s'empêtrant dans le tuyau de perfusion. Une aide-soignante finit par la trouver gisant au sol. La radio révéla une fracture de la hanche exigeant une opération.

Ensuite, les choses allèrent de mal en pis. Pendant la convalescence, Ruth fut victime d'une embolie pulmonaire, ce qui la fragilisa encore. Sa tension était très basse et elle avait du mal à respirer. Les troubles respiratoires s'aggravant, je suis resté auprès de Frank pour lui proposer de reconsidérer les choix thérapeutiques. Au rythme où allaient les choses, il faudrait bientôt intuber, ce que Mrs Rubinstein refusait, elle me l'avait confié lors d'un rendez-vous. Peut-être était-il temps de la laisser doucement partir ? À Steere House, on prendrait soin d'elle, on veillerait à ce qu'elle ne souffre pas.

Autant hurler dans l'oreille d'un sourd.

Ruth eut droit à une sonde respiratoire et fut transférée en soins intensifs. Au bout de quelques semaines, son état s'améliora et la farouche détermination de son champion s'en trouva justifiée. Néanmoins très affaiblie, la malade ne se levait plus, sans parler de marcher, et son mari finit par accepter qu'elle revienne chez nous pour la convalescence.

*

En pénétrant dans la chambre, j'ai trouvé ma patiente qui ronflait doucement auprès de Frank, somnolant dans le fauteuil relax. Son récent éclat, lors de notre dernier round, avait laissé des traces. Je me suis assis entre les deux époux, qu'en d'autres circonstances je me serais bien gardé de tirer de leurs songes. Il restait néanmoins quelques points à éclaircir et cela ne pouvait attendre. D'ailleurs, Frank était tenaillé par un sentiment d'urgence, je ne l'oubliais pas. Passé le premier instant de surprise, il a ouvert un œil en marmonnant et s'est redressé quand je lui ai doucement secoué l'épaule.

— Eh bien, que se passe-t-il, Mr Rubinstein ?

— Enfin, docteur, regardez ma femme. Elle n'a que la peau sur les os ! Je viens tous les jours pour être sûr qu'elle prenne bien son déjeuner, mais je ne peux rien lui faire avaler.

Sur le plateau, Frank m'a montré un croque-monsieur à peine entamé et une barquette de compote, intacte, elle aussi.

— Il est fort possible que ce soit un effet de la démence.

— Si vous cherchez à m'imposer vos soins palliatifs, sachez que je ne suis pas d'accord, nous en avons déjà parlé.

— Non, je ne pensais pas à ça.

Plus résolu que jamais, Frank me fixait sans un mot. Il défendait la forteresse contre l'envahisseur. Moi, en l'occurrence. Inutile d'espérer la moindre concession, autant en prendre mon parti. Sans doute Ruth n'en était-elle pas encore là, et il y avait plus urgent. Je trouvais absurde de prescrire d'autres examens ou de lancer un nouveau protocole afin de poser un diagnostic.

J'essayai donc une autre approche.

— Dites-moi, Frank, où en est votre femme, selon vous ?

Le vieil homme, qui attendait une nouvelle offensive, a paru déconcerté.

— Je sais que ma femme souffre d'un terrible mal, mais je ne suis pas prêt. Ruth m'aime toujours, et le peu de temps qu'il nous reste m'est si précieux !

J'ai veillé à peser mes mots.

— Je sais combien vous tenez à elle, mais je vais être très franc avec vous. Si j'ai bien compris, vous voulez qu'elle voie un gastro-entérologue, mais je ne pense pas que ce soit utile. Votre épouse n'y gagnerait qu'une batterie d'examens, parfois fort désagréables. Et si c'était un cancer, il serait exclu de lui imposer des traitements agressifs qu'elle ne supporterait pas. Nous le savons tous les deux.

Furieux que j'aie une fois encore osé franchir une invisible frontière, Frank s'est rebiffé.

— Docteur, je tiens à ce qu'on ne néglige aucun traitement. Faites comme s'il s'agissait de votre propre femme ou de vos enfants. Si le cœur s'arrête, je veux qu'on le fasse repartir. Si cette pneumonie venait à récidiver, je vous demande d'hospitaliser mon épouse, et si Ruth a besoin d'un spécialiste, je tiens à ce qu'elle le voie. Me suis-je bien fait comprendre ?

— Parfaitement, Mr Rubinstein !

Sur le seuil de la chambre, je me suis retourné vers le vieil homme et son épouse endormie, et je n'ai pu m'empêcher d'ajouter :

— Je sais combien vous l'aimez, Frank.

Frank a levé les yeux et j'ai vu la colère abandonner son regard. Ignorant jusqu'où la prudence me permettait de m'aventurer, j'ai hésité.

— La plus belle preuve d'amour est parfois de savoir lâcher prise. N'en faites pas une affaire personnelle, ne vous en prenez pas à moi, ni à qui que ce soit dans cette maison. Pensez à Ruth !

Dans l'aire d'accueil, j'ai retrouvé Mary et Oscar, qui venait de quitter sa retraite pour rejoindre la société. Mais il s'était endormi.

— Comment ça s'est passé ? m'a demandé Mary.

— C'est le *statu quo*.

Ma collègue a conclu avec un petit hochement de tête :

— J'appellerai la gastro-entérologie dès demain.

Connaissant la décision de Frank, mais gardant encore l'espoir de le voir changer d'avis, Mary m'a lancé, depuis le bureau où elle rédigeait un mémo :

— Ça ne changera rien, n'est-ce pas ?

— Non, bien sûr, mais Frank n'est pas prêt.

— Laissons-lui un peu de temps.

— Oh ! ce n'est pas ce qui manque, ici !

7

« J'ai beaucoup étudié les philosophes et les chats, la sagesse des chats est infiniment supérieure. »

Hippolyte Taine

C'était un mercredi comme les autres, du moins le pensais-je avant de découvrir un nouveau visage derrière le comptoir des infirmières. À vrai dire, ce visage n'avait rien de neuf, la dame devait avoir dans les quatre-vingts ans. Pull en cachemire bleu pâle, maquillage soigné et vernis impeccable, elle était bien mise. Un clip ancien, un accessoire de prix, retenait des cheveux d'un blond doré, légèrement grisonnants.

— Docteur Dosa, permettez-moi de vous présenter Louise, notre nouvelle réceptionniste, m'a annoncé Mary sans me laisser le temps de placer un mot.

— Notre quoi ?

Ce poste ne figurant pas au budget, il n'y avait jamais eu de réceptionniste, au troisième.

Mary a éclaté de rire devant ma mine ébahie.

— C'est une patiente, voyons !

J'ai regardé Louise décrocher un téléphone muet et répondre dans le combiné, ce qui m'a rappelé un malade dont m'avait parlé Mary, un ancien courtier en assurances qui, les pieds posés sur le bureau de sa chambre, continuait à placer ses contrats en se servant d'un appareil débranché.

— Une nouvelle ?

— Oh, non ! Il y a un an que Louise est chez nous, mais depuis quelque temps elle vient nous tenir compagnie. Il lui arrive même de répondre quand il n'y a personne.

J'observais Louise, qui ne cessait de décrocher et de raccrocher l'appareil. Combien de familles avaient-elles cherché à nous joindre alors que cette femme se « chargeait » du standard ?

— Évidemment, elle ne serait pas de trop avec un tel budget.

— Allons, David... ne faites pas cette tête ! Les familles l'aiment bien. Je crois d'ailleurs que, par le passé, elle était l'assistante d'un grand patron. Elle a ça dans le sang.

Lançant un coup d'œil en direction de la patiente qui, mine de rien, semblait nous surveiller, ma collègue a tenu à préciser :

— Elle adore les grands gaillards, vous savez.

À ce moment-là, Mary s'est mise à ricaner comme une gamine en entendant Louise émettre un marmonnement incompréhensible.

— Que dit-elle ? ai-je demandé en m'approchant.

— Je savais que vous lui plairiez !

— Mais enfin, qu'a-t-elle dit ?

— Que vous étiez mignon.

Je n'en croyais pas mes oreilles.

— Comment faites-vous pour décoder ?

— De longues années de pratique, sans doute.

J'avais déjà remarqué cette faculté de comprendre des patients absolument inintelligibles. Encore un des nombreux talents de Mary, digne du docteur Doolittle, cette fois !

Ma collègue s'est levée pour prendre un dossier dans le casier situé derrière elle.

— Tenez, regardez, les analyses de Saul Straham.

Les antibiotiques prescrits semblaient sans effet et d'autres complications étaient apparues. Le taux de globules blancs indiquait un état infectieux et les dernières analyses révélaient une déshydratation.

— Je vais le voir.

Le petit hochement de tête de Mary ne laissait guère d'espoir.

— Nous connaissons tous deux l'issue, a-t-elle fait observer. Si au moins sa fille acceptait d'entendre raison !

Ce n'était pas gagné. L'expérience m'avait appris qu'on ne se laisse convaincre que si on y est prêt.

— Bien, je vais voir Mr Straham.

Quand je suis passé devant elle, Louise s'est dressée comme un diable qui sort de sa boîte et s'est avancée vers moi, ouvrant grands ses bras pour que je la serre sur mon cœur.

— C'est fou ce qu'elle vous aime ! m'a lancé Mary.

J'étreignais une Louise béate quand, brusquement, j'ai compris :

— Elle me prend pour un autre !

Un brin vexé, j'ai battu en retraite vers la chambre de Saul, tandis qu'un éclat de rire fusait derrière moi.

— C'est que vous n'êtes pas si mal comme doublure !

*

J'ai trouvé mon patient dans son fauteuil relax, devant un poste de télé qu'il ne prétendait même plus regarder. Saul arborait encore sa casquette des Red Sox. Passionné de sport, comme tant d'autres dans ce coin de Nouvelle-Angleterre, il vivait entouré de ses souvenirs sportifs. Les murs de sa chambre disparaissaient sous la panoplie du parfait joueur de base-ball. Sur la table de chevet trônait une photo : fièrement campé devant Fenway Park, Saul tenait un petit garçon par le cou, probablement son petit-fils.

Le temps d'avancer une chaise pour m'asseoir auprès de lui, je lui ai lancé :

— Les entraînements vont bientôt reprendre, Saul !

Avait-il seulement réalisé que son équipe avait

remporté la World Series[1] ? Point besoin d'être aussi diminué que ce malade pour refuser d'y croire. La malédiction du Bambino avait tenu quatre-vingt-six ans, mais le sort était enfin levé !

*

Après avoir écouté le cœur et ausculté les poumons, j'ai regardé la jambe. Mary ne s'était pas trompée, les antibiotiques n'avaient pas réussi à juguler l'inflammation qui s'étendait maintenant au genou. J'ai pris le temps de délimiter la zone enflammée avec un stylo afin d'évaluer l'efficacité du traitement, puis je me suis assis auprès de Saul pour prendre connaissance des autres résultats. Une des dernières analyses a attiré mon attention : une prolifération bactérienne due à un germe très résistant, chaque jour plus répandu. Depuis quelques années, ce type nouveau de bactérie, particulièrement redoutable, est devenu la hantise de tous les praticiens ; ces souches résistantes ont envahi quasiment tous les établissements médicaux de la planète.

Je réfléchissais à l'éventail thérapeutique, hélas ! réduit, dont je disposais, quand j'ai senti une présence. Assis sur son séant, Oscar m'observait attentivement.

— Et alors, tu veux m'accompagner dans ma tournée ?

1. Série finale de la ligue de base-ball (MLB). *(N.d.T.)*

Après avoir dûment reniflé la main que je lui tendais, le chat s'est levé et s'est approché pour me permettre de le gratter doucement derrière les oreilles. Puis il a sauté sur mes genoux et, sans me quitter des yeux, s'est assis en ronronnant.

— Eh bien, qu'en penses-tu ?

Comme pour évaluer la situation, Oscar a observé Saul un court instant, puis a bondi à terre et s'est approché du fauteuil en reniflant. Et hop ! il est reparti en détalant sur ses petites pattes.

Venais-je réellement de solliciter l'avis autorisé d'un chat ? Je rejoignais l'accueil où Mary complétait un dossier quand cette pensée m'a traversé l'esprit.

— Savez-vous qui vient de se joindre à moi, pour la visite ? Oscar !

— Ne me dites pas que vous êtes converti, vous aussi ?

— N'allons pas jusque-là, mais je commence à me poser des questions. Il faut admettre que ce chat possède un don particulier pour anticiper l'imminence d'un décès. Serait-il sensible à quelque odeur ou hormone, imperceptible à nos narines ?

— Je n'en sais rien, David. Je pencherais plutôt pour une explication moins banale, mais j'ai entendu dire que certains collègues étaient capables de physiquement sentir l'approche d'un décès.

Enfin une piste scientifique à creuser !

— L'arrêt des fonctions cellulaires génère des

carences organiques identifiables à l'odeur des cétones produites à ce stade.

J'avais encore dans les narines le parfum douceâtre des corps chimiques dégagés dans certains cas de diabète réfractaires à tout traitement.

Mary ne paraissait guère convaincue.

— Peut-être modèle-t-il son comportement sur celui de l'équipe soignante ? Vous étiez présent et vous vous occupiez de Saul. Oscar ne cherchait-il pas tout bonnement à intégrer l'équipe ? Il lui faut bien gagner sa croûte !

Perdu dans mes pensées, je laissai mon regard errer vers le couloir.

— Oui, c'est un point de vue qui se défend, mais comment expliquez-vous qu'il soit parfois le premier à pénétrer dans la chambre d'un patient qui va mourir ?

Comme je devais faire une drôle de tête, Mary m'a donné un petit coup de poing sur le bras.

— Eh là ! On dirait que vous avez peur de vous faire mal !

— C'est drôle, avec toute ma science et mon expérience médicale, je ne sais jamais à quoi m'attendre en entrant dans une chambre. Et vous ? Combien de fois vous a-t-on demandé si l'être cher avait encore un peu de temps devant lui ?

— Oh ! c'est quotidien !

— Que répondez-vous ?

— Que Dieu seul le sait et que je n'ai pas noté son numéro dans mon agenda.

— Contrairement au chat.

— Quoi ?

Cette fois, Mary n'en revenait pas.

— Vous savez ce qu'on dit : « Le chien vient quand on l'appelle, le chat prend le message et vous rappelle. »

J'ai jeté un coup d'œil sous le comptoir où se trouvaient les croquettes. Aucune trace d'Oscar.

— Ce chat est entré puis ressorti après avoir longuement flairé, estimant de toute évidence qu'il n'y avait pas à s'inquiéter.

— Sans doute a-t-il senti que vous pourriez stabiliser Mr Straham.

— Peut-être, mais quand on se retrouve relégué au-dessous d'un chat dans le vaste organigramme médical, cela fait tout de même un choc. Au fait, qu'est-ce qui vous a alertée, pour Oscar ?

Mary a posé son stylo avant de me rejoindre.

— Au début, je n'ai pas trop prêté l'oreille à ces histoires de chat présent lors de chaque décès. Autant que je m'en souvienne, sa première patiente fut Marion McCullough. Comme elle adorait les chats, son fils Jack lui amenait Oscar. La bête ne restait pas longtemps, mais quand l'état de la patiente s'est dégradé, il a commencé à prolonger ses visites. Le jour du décès, Jack l'a laissé monter sur le lit et, quelque temps après, il m'a appelée pour me dire qu'il avait eu beaucoup de chance.

— De la chance ?

— Il a dû voir dans ce manège le signe fatidique

selon lequel sa mère n'en avait plus pour très longtemps.

Croisant mon regard, Mary a ajouté :

— C'était une belle histoire. Toutefois, à l'époque, elle ne m'a pas trop marquée. Vous devriez tout de même avoir une petite conversation avec Jack.

— Bon, vos soupçons étaient justifiés, mais comment le déclic s'est-il produit ?

— À la faveur d'un autre décès, il me semble. Quelques mois plus tard, Oscar commençait à faire parler de lui parmi les infirmières chargées des soins palliatifs. Un de vos patients, Ralph Reynolds, était à l'agonie et nous faisions notre possible pour le soulager. Considérant que la fin était proche, une de vos collègues avait laissé des consignes : nous ne devions pas prolonger ses souffrances. Une aide-soignante ayant surpris la conversation, elle s'est mis en tête de trouver Oscar. Si vraiment c'était la fin, sa présence était indispensable ! La pauvre bête nous a regardées comme une bande de cinglées avant de filer sans laisser ma collègue terminer sa phrase. Nous ne l'avons retrouvé que bien plus tard, sous le bureau des infirmières où il s'était réfugié.

— Et ensuite ?

— Ralph n'est pas décédé ce jour-là. Il a tenu trente-six heures de plus, ce fut affreux... Toujours est-il que, quatre heures avant sa mort, Oscar, dans tous ses états, faisait les cent pas devant la porte de la chambre. À peine lui a-t-on ouvert qu'il s'est précipité vers Ralph, a sauté sur le lit et s'est blotti contre lui. Le patient n'a pas tardé à nous quitter, mais Oscar a attendu l'arrivée du représentant des pompes funèbres. Et encore a-t-il fallu l'appâter avec des friandises pour le convaincre de quitter le défunt.

J'ai hoché la tête d'un air... incrédule ? stupéfait ?

— Seriez-vous tenté de prendre ce chat au sérieux, docteur Dosa ?

— Je n'en sais rien ! me suis-je exclamé en levant les mains au ciel. Je n'ai pas perdu mon âme de scientifique.

Je savais que Mary détestait ce « discours de scientifique », ce qui ne m'a pas empêché d'ajouter :

— J'ai appris à observer objectivement les faits, puis à les disséquer et à élaborer des hypothèses que je pourfends jusqu'à ce que d'autres, plus conformes à la vérité, finissent par émerger. D'un point de vue scientifique, ce genre de théorie est facile à réfuter. Comment un chat saurait-il prédire l'imminence d'un décès ? Réunion de famille, mains que l'on serre, adieux, il est facile d'objecter qu'Oscar est attiré par le remue-ménage de circonstance. L'hypothèse tient la route ! À moins que l'animal n'ait une prédilection pour des malades ne risquant pas de l'embêter. Quoi qu'il en soit, un chat passe les deux tiers de son temps à dormir, rien d'étonnant à ce qu'on le retrouve couché sur un bon lit bien chaud.

Le sourire de Mary s'est épanoui. J'étais mûr, fin

prêt à basculer et à reconnaître les talents peu ordinaires de l'animal. À son corps défendant, elle cherchait toutefois à m'influencer.

— Vous admettrez tout de même que cette bête n'est pas tout à fait comme les autres...

— Si j'en juge par les preuves que vous détenez, c'est fort possible, en effet.

— En ce cas, il faut poursuivre l'enquête, contacter les proches de patients décédés sous la garde d'Oscar et voir ce qu'ils ont à dire.

— Oui, ça ne mange pas de pain.

Je me suis rappelé le conseil de ce professeur pour lequel notre métier tenait parfois du travail de détective. La science n'est-elle pas aussi l'art de la « détection » ? Je pressentais là un mystère à cerner au plus près.

— D'accord, mais par où commencer ?

— Il faudrait trouver quelqu'un dont vous soyez absolument sûr, a suggéré Mary.

— Donna Richards ?

— Absolument parfait !

Je trouvais Mary très satisfaite d'elle-même, un peu trop à mon goût. Or, je n'aimais pas trop qu'elle ait raison.

8

« Les chats savent très bien qui les aime et qui ne les aime pas, mais s'en soucient trop peu pour y remédier. »

Winifred Carriere

Dire que j'avais confiance en Donna Richards serait un euphémisme. Sherlock Holmes a-t-il « confiance » en son docteur Watson, ou le commandant Kirk en Scotty, le chef-mécanicien du vaisseau stellaire *Enterprise* ?

Tous les médecins vous le diront, les bonnes secrétaires valent de l'or. Elles dirigent de grosses équipes, savent anticiper les directives administratives, s'assurent qu'aucun appel important ne reste sans réponse. Elles veillent à l'envoi et au règlement des factures, sans oublier les fournitures, dont elles ne sont jamais à court, de la spatule jetable au matériel de photocopie. C'est un métier ingrat dont on ne saisit l'importance qu'en cas de problème. On comprend donc pourquoi les bonnes secrétaires sont si rares. C'est bien pour cette raison que nous avons littéralement bloqué au sol Donna Richards, le jour où elle a atterri chez nous.

Un beau matin, en conduisant sa mère à Steere House, Donna a demandé à une collègue si nous cherchions quelqu'un. Après un séjour d'une quinzaine d'années passées en Californie, elle était revenue à Rhode Island pour veiller sur ses parents et avait besoin de travailler. Quand on parle de synchronie !

Durant ces trois années passées ensemble, nous restions souvent à bavarder bien après le départ des patients et du personnel. Tout en liquidant la paperasse, Donna prenait des nouvelles de mon nouveau-né, et je bénéficiais de conseils introuvables dans un manuel de puériculture. Moi, je partageais ses soucis de mère célibataire, assumant la lourde charge d'un parent atteint de démence tout en travaillant. L'équilibre n'était pas facile à maintenir ! Ces entretiens nocturnes m'ont aidé à comprendre toute la complexité de cette maladie à travers le regard d'une amie.

Après m'avoir fait part des concessions qu'elle s'était imposées en renonçant à sa carrière, Donna m'a également mis au fait des carences d'un système de santé, pourtant familier à cet ancien cadre de l'administration sanitaire. « Génération Sandwich », je saisissais enfin le sens de ce terme en découvrant à quoi sont confrontés vingt millions d'Américains, coincés entre des enfants à élever et des parents à charge.

Cette fois, je comptais sur son précieux concours pour éclairer ma lanterne au sujet d'Oscar, mais je devais tout d'abord reprendre contact. En effet, Donna nous avait quittés deux ans auparavant et sa mère était décédée l'année précédente. Nous avions sûrement des tas de choses à nous dire !

*

— Au cours des semaines qui ont suivi la mort de maman, je m'éveillais en sueur, m'a confié cette amie. Dans le rêve, elle était plus jeune, comme dans mon enfance, et me lançait, sur un ton de reproche : « Tu ne m'as pas mise à l'hôpital comme je le souhaitais ! Si seulement j'avais été soignée... »

Afin de ne pas pleurer, Donna a levé les yeux au ciel, tiré sur sa cigarette et soufflé une mince volute de fumée. Nous nous trouvions chez elle, dans les faubourgs de Providence.

— Vous détestez que je fume, je sais, a-t-elle repris en souriant.

Je me suis contenté de lever les yeux au ciel. Quand je suis chez quelqu'un, je n'ai pas à lui interdire de fumer, je le fais suffisamment au bureau.

Donna a longuement contemplé sa cigarette avant de l'écraser dans le cendrier, puis a repris ses confidences :

— Ensuite, je restais des heures sans dormir, cherchant vainement à oublier. Ma mère détestait la clinique, enfin, du moins quand elle était encore capable de raisonner. La laisser à Steere House fut la décision la plus pénible de mon existence, mais je n'avais pas le choix. J'élevais seule mon fils, je ne pouvais plus la garder avec moi. La dégradation est si rapide, dans cette maladie.

Fort peu connue, hormis des neurologues, gériatres ou psychiatres, la démence avec corps de Lewy ou DCL est pourtant répertoriée comme la seconde cause de démence, mais bien souvent le diagnostic est faussé car les symptômes sont pratiquement identiques à ceux d'une maladie de Parkinson ou d'Alzheimer. La coordination des mouvements est affectée, ce qui entraîne rigidité, déséquilibre à la marche et manifestations psychotiques telles que hallucinations visuelles, troubles du sommeil et altérations du comportement. Les traitements inadaptés, souvent prescrits en cas d'hallucination, sont mal tolérés. Qui plus est, les troubles du comportement rendent délicate la prise en charge de ces patients.

— Ma mère allait bien quand tout a basculé du jour au lendemain, ce n'était plus le même être. Nous l'avons emmenée chez les meilleurs spécialistes qui l'ont gavée de cachets. Elle a dû tout essayer... La jugeant dépressive, les médecins ont prescrit des antidépresseurs. Elle ne dormait pas, qu'à cela ne tienne, on lui a donné des somnifères et un traitement censé corriger les troubles de mémoire. Plus elle en avalait, pire c'était, jusqu'à ce que votre collègue la fasse interner à seule fin de la sevrer de drogues qui ne faisaient qu'aggraver le mal.

Confondue par l'absurde de cet état de choses, Donna a secoué la tête d'un air incrédule.

— C'est tout de même un monde ! Pour interrompre les traitements, il a fallu l'hospitaliser.

Non, cela n'a rien d'extraordinaire. Les effets s'additionnant, les traitements abusifs sont responsables de plus d'un quart des hospitalisations. En fonction du tableau clinique, toute médication, plantes et drogues illégales y compris, est potentiellement dangereuse. Or, les patients âgés s'en voient prescrire toujours davantage...

— Après cette hospitalisation, il n'était plus question pour maman de revenir à la maison, aussi est-elle passée d'un établissement à l'autre. Là, je dois dire que j'ai ouvert les yeux !

Donna a poursuivi son récit.

— Au tout début, j'ai reçu un coup de fil m'informant qu'on la transférait aux urgences pour faire le point. Lorsque j'ai demandé pourquoi, on m'a répondu qu'à quatre-vingt-quatre ans, elle avait frappé l'aide-soignante qui voulait la changer. Maman n'était certes pas commode, mais avant la maladie, jamais elle n'en serait arrivée là. Je me suis donc précipitée aux urgences, où on « évaluait » son cas. N'ayant rien trouvé, la clinique a refusé de la reprendre dans le service où elle était entrée. En fin de compte, elle est restée trois jours aux urgences en attendant qu'on lui trouve un lit.

Donna s'était levée et arpentait fébrilement la cuisine.

— Ce genre de chose, David, je ne l'admettrai jamais ! Dans cet hôpital, tout le monde se fichait éperdument de ce que ma mère pourrait devenir. On n'avait qu'une seule idée, l'éjecter des urgences au plus vite. J'ai dû me battre bec et ongles et faire jouer mes relations pour lui trouver un lit à Steere House. Aujourd'hui encore, je suis certaine que si je n'avais pas connu tous les médecins, on ne l'aurait jamais admise dans cette maison. Sans relations ni capacité de juger les autres établissements, imaginez un peu ! Ce système est nul, de A jusqu'à Z.

Si Donna a recouvré son calme, son regard embué par les souvenirs s'est voilé de larmes qu'elle a laissées couler.

— Quand j'y pense, je me demande comment j'ai tenu ! Mon emploi du temps était chronométré à la seconde près. Il le fallait bien pour faire mon travail et m'occuper de mon fils tout en restant présente pour maman.

— Ce ne fut sûrement pas facile.

Donna m'a regardé comme si j'avais sorti un truisme du genre : « L'hiver, il doit beaucoup neiger en Nouvelle-Angleterre. »

— David, il faut le vivre pour savoir ce que c'est. C'est très simple, je n'avais plus aucune vie.

Tout autre que Donna aurait eu l'air de s'apitoyer sur son sort, mais elle s'en tenait aux faits, uniquement aux faits.

— Oh ! ce n'était pas si terrible, et même plutôt supportable ! Je n'avais plus de vie, mais j'avais fini par l'accepter. Je devais porter ma croix. Le pire était cette culpabilité constante, cette impression de ne pas assurer. S'il arrivait quelque chose à maman, c'était affreux car je ratais la compétition de natation de mon fils. Quand j'allais voir ma mère à la clinique, je me sentais si coupable de l'y avoir laissée que je pleurais tout le long de la route. Une « bonne Italienne » n'abandonne pas ses parents dans un service de gériatrie.

Fataliste, Donna a réussi à esquisser un pauvre sourire.

— Enfin, sans doute n'avais-je pas le choix. J'ai fait de mon mieux.

Au regard levé vers moi, j'ai compris que mon amie n'en dirait pas davantage.

— Mais la culpabilité est toujours là ?

— Oui, comme une obsession. Et ces cauchemars...

*

Nous sommes restés deux heures à bavarder de tout et de rien, du nouvel emploi de Donna à la naissance, toute récente, de ma fille. J'ai enfin regardé ma montre... C'est fou ce que le temps avait filé ! Je rassemblais mes affaires pour partir quand Donna a subitement lancé :

— Une minute !

Un pâle sourire à fleur de lèvres, elle a ajouté :

— Vous étiez venu pour parler d'Oscar et vous avez failli repartir sans rien demander.

— Eh oui ! Finalement, nous avons parlé d'autre chose. Cela trahirait-il une piètre ouverture d'esprit dès qu'il s'agit d'Oscar ?

Donna m'ayant invité en riant à me rasseoir, j'ai pris ma plus belle voix de reporter pour sortir ma réplique :

— Dites-nous, Mrs Richards, que pensez-vous d'Oscar, notre ami à quatre pattes ?

Donna s'est esclaffée et j'ai eu droit à cette fameuse remarque : « Oh ! je vous jure ! », que je n'avais plus entendue depuis notre collaboration.

— Sachez tout d'abord que ma mère détestait les chats ! Plus jeune, elle aurait bien été capable d'empoisonner Oscar s'il avait seulement osé monter sur son lit. Elle avait littéralement les animaux en horreur. Toutefois, le mal progressant, les pensionnaires du service de gériatrie lui apportaient, semblait-il, un certain réconfort. Le mérite leur en revient-il ? Cela tenait-il aux bouleversements intervenus dans sa vie ? Je l'ignore, mais maman avait changé du tout au tout. À un niveau profond, elle semblait plus réceptive. C'est drôle, non ?

— Pas du tout. À vrai dire, je m'interroge depuis quelque temps sur notre relation aux animaux. Je pense surtout aux enfants et aux vieillards, et je commence à mesurer l'intelligence des bêtes. Mon fils ne parlait pas qu'il était déjà attiré par elles, et j'ai retrouvé la même insatiable curiosité chez certains patients. Ce genre de relation fait apparemment l'économie du langage.

— Ah ! pour être futé, Oscar l'était ! Il se tenait toujours à bonne distance et n'embêtait jamais maman. Il s'arrêtait quand elle avait un mot pour lui. Jamais de câlins, il ne s'attardait pas et n'avait rien d'un animal familier. On aurait dit un grand personnage en visite, daignant prêter l'oreille aux doléances de ses administrés.

Un grand personnage en visite, voyez-vous ça !

— Que pensiez-vous de la présence de ces animaux à Steere House ?

— À leur façon, ils avaient l'art de réconforter, de distraire. Bien sûr, nous étions toujours dans un service de gériatrie, mais cela rendait les choses tolérables. Steere House tient davantage du foyer que de la maison de santé, ce qui était mieux pour mon fils.

— Comment cela ?

— Ce genre d'endroit n'est vraiment pas fait pour les gamins. En arrivant, il partait à la recherche des chats. Au lieu de balancer ses jambes sur une chaise inconfortable, j'aimais autant le voir jouer avec Billy et Munchie. Et puis, cela me laissait un peu de temps à consacrer à maman.

— Oscar était-il présent dans les derniers instants ?

— Mais oui. Vers la fin, quand l'état de maman s'est aggravé, il prolongeait ses visites et me tenait compagnie. C'est drôle, il semblait comprendre que j'avais besoin de soutien, et je le trouvais plus chaleureux.

Donna a observé ma réaction, avant d'ajouter :

— Les trois derniers jours, je n'ai pratiquement pas quitté le chevet de maman. Je dormais dans le fauteuil relax et, si j'avais besoin d'un peu de repos, Oscar s'avançait nonchalamment. Il venait se blottir contre moi, puis sautait sur le lit, auprès de maman. Ce manège a quasiment duré pendant toute l'agonie. Le plus étrange, c'est qu'il semblait sentir si j'avais besoin de lui sans rien exiger en échange. Oh ! il se laissait bien caresser sous le cou et gratter derrière ses petites oreilles, mais là encore... Oui, on aurait dit qu'il cherchait à m'aider, et c'était efficace. Je ne connais rien de plus apaisant que de caresser un chat.

— Était-il présent quand elle est morte ?

— Quelques heures auparavant, une infirmière avait réussi à me convaincre de rentrer quelques heures chez moi. Je n'étais pas chaude, mais elle s'est montrée si persuasive... Maman a dû mourir peu après. Oscar, lui, ne l'a pas quittée, et il a recueilli son dernier soupir.

— Étiez-vous contrariée d'avoir laissé votre mère seule ?

— Non. À mon avis, elle a attendu que je m'en aille pour lâcher prise... Ça, c'était bien ma mère ! a conclu Donna en souriant. Et puis, elle n'était pas seule. Oscar était là.

9

« Un chat, c'est un rébus sans solution. »

Hazel Nicholson

J'ai cru débouler en plein Summer of Love[1]. Attroupé devant le comptoir d'accueil, le petit groupe de spectateurs enthousiastes me dissimulait le spectacle. Comme un gamin qui cherche le meilleur angle pour admirer la parade, je me suis faufilé jusqu'au premier rang dans la masse compacte des pensionnaires et déambulateurs. Tous les regards étaient tournés vers Oscar et Maya qui semblaient en pleine transe, sous l'effet d'un cachet d'ecstasy. Ces deux bêtes déboulaient à toute allure pour s'arrêter net et rouler sur le dos, les quatre fers en l'air. Elles avaient l'air de deux

1. Événements qui se sont déroulés à San Francisco durant l'été magique 1967, lorsque des milliers de jeunes se réunirent librement pour une nouvelle expérience sociale, faisant découvrir à la face du monde la contre-culture hippie.

droguées exécutant un pas de deux halluciné, à ceci près que les danseurs étaient des chats.

— Mais qui a versé de la Benzédrine dans leur pâtée ? ai-je demandé à Mary que j'avais réussi à rejoindre.

— Herbe-aux-chats, m'a répondu ma collègue.

Le manège des deux derviches tourneurs a fait vibrer ma fibre vétérinaire.

— Seraient-ils malades ?

Mary s'est esclaffée puis, criant presque pour se faire entendre au-dessus du vacarme que produisaient les deux bêtes et les rires du public, elle m'a tout expliqué.

— Les chats en raffolent... Ça les rend fous. Dans cette herbe, on a décelé une substance chimique qui leur procure une ivresse quasi sexuelle.

J'observais Oscar, ce grand sage que je considérais tel un sphinx détenant la solution de toutes les énigmes. Il courait après sa queue !

— Ils la fument ?

— Vous ne connaissez vraiment rien aux chats !

De toute évidence maîtresse d'un félin, une aide-soignante a levé les yeux au ciel. Si je plaisantais, je n'avais toutefois pas la moindre idée de ce que pouvait bien être cette herbe-aux-chats.

— Non, je n'ai jamais eu de chat.

— On « n'a » pas un chat, docteur Dosa, a-t-elle rétorqué en riant. Ce sont eux qui vous possèdent !

Mary est venue à ma rescousse.

— Non, ils ne la fument pas, ils s'y roulent. Vous avez le résultat sous vos yeux.

— On dirait deux petits drogués ! s'est exclamée l'aide-soignante.

Les rires se dissipaient et l'intérêt du numéro de clowns offert par les deux pensionnaires commençait à s'estomper, avant même les effets de l'herbe-aux-chats. Tandis que les spectateurs s'éloignaient peu à peu, je me suis glissé dans le bureau de Mary où ma collègue n'a pas tardé à me rejoindre.

— Alors, cette petite conversation avec Donna ? m'a-t-elle demandé.

— Instructive. Avant de faire la connaissance d'Oscar, il paraît que sa mère détestait les chats. Comme tous les animaux, d'ailleurs.

— Ça alors ! En arriver à oublier ce qu'on déteste !

— Un vieux patient irlandais m'a un jour demandé si je connaissais la définition de la maladie d'Alzheimer en irlandais.

Haussant les sourcils, Mary attendait la chute.

— Alors ?

— « On oublie tout, sauf les vieilles rancœurs ! »

Mary s'est esclaffée.

— Ah ! je me demande ce qui pourrait décider un Irlandais à oublier ses rancœurs ! a-t-elle ajouté en jetant un coup d'œil derrière la vitre.

Oscar et Maya se traînaient à présent comme deux vieux junkies confrontés à la dure réalité.

— Donna m'a également confié le bonheur que la présence d'Oscar représenta vers la fin. Sa mère refusant de s'en aller tant que sa fille serait là, elle a le sentiment qu'il lui a permis de partir. En quelque sorte, il les aurait aidées, l'une aussi bien que l'autre.

— Oscar aurait donc servi de lien entre mère et fille ? a conclu Mary.

— Oui, c'est ça.

Effleuré par un doute, je me suis tourné vers le chat domestique effondré sur le tapis. N'aurais-je pas, moi aussi, fumé de cette herbe-aux-chats ?

— Comptez-vous poursuivre vos visites ? m'a demandé Mary. Vous vous souvenez de ces deux sœurs dont le père et la mère sont morts dans cette maison ? Oscar était auprès de leur mère quand elle est morte.

— Rita et Annette ? Oui, j'y ai bien pensé, mais je ne sais trop que chercher.

— Pourquoi ne pas rencontrer Jack McCullough ou Mrs Ferretti ? Le courant était bien passé, non ?

Mary me poussait à poursuivre mes recherches, je le sentais bien.

— Avez-vous vu *Citizen Kane ?*

— Oh ! il y a longtemps !

— Je crains de me retrouver comme ce reporter, vous savez, celui qui cherche ce que peut bien signifier ce « Rosebud » ?

— Bien sûr ! En fait, c'était le nom de la luge avec laquelle jouait le héros, dans son enfance.

— Voilà, mais le spectateur ne le comprend qu'à la fin, en la voyant brûler. Quant au reporter, il n'en sait jamais rien.

— Si vous tenez à savoir, il faut chercher !

J'ai souri avant de tourner la page.

— Bon, qu'avons-nous de prévu aujourd'hui ?

*

Savez-vous ce qu'on dit du temps, en Nouvelle-Angleterre ? « Si vous n'aimez pas, attendez un peu. » Ce jour-là, l'ambiance était aussi capricieuse que le climat local. Une heure à peine après la folle sarabande de nos deux chats, l'humeur n'était plus à la rigolade, et l'atmosphère franchement empoisonnée.

Je me suis retrouvé en pleine échauffourée, un sérieux différend opposant Mary à une femme bien mise d'une cinquantaine d'années, Barbara, la fille de Saul Straham. Auprès du comptoir, deux aides-soignantes suivaient sans mot dire l'altercation provoquée par une paire de chaussons.

Mary s'efforçait d'apaiser Barbara Calderon.

— C'est agaçant, je vous l'accorde, mais tâchons de relativiser.

— « Relativiser » ! Je n'ai que faire de...

Sans me laisser le temps de m'esquiver, Barbara, qui avait reconnu le médecin de son père, m'a apostrophé en ces termes :

— Vous n'avez donc aucune autorité sur le personnel ? C'est la troisième paire de chaussons qu'elles perdent en deux ans.

Otage d'un conflit dont j'ignorais tout, je n'ai rien répondu.

Mrs Calderon a levé les bras au ciel et sa fureur s'est abattue sur Mary et les deux aides-soignantes.

— Vous ne pouvez donc pas surveiller les affaires de mon père ?

Mary a attendu que Barbara ait cessé de s'époumoner pour avancer prudemment :

— Ces chaussons finiront bien par refaire surface, j'en suis certaine. Un autre pensionnaire a dû les mettre dans son placard, voilà tout. Nous allons les retrouver, comme d'habitude.

— Serait-ce trop vous demander d'empêcher les patients d'entrer dans la chambre de mon père ?

— Nous faisons de notre mieux.

— Alors, laissez-moi vous dire qu'il y a encore des progrès à faire !

Pour enfoncer le clou, la fille du patient nous a regardés droit dans les yeux, l'un après l'autre. Puis elle est partie comme une furie en direction de la chambre de son père, non sans toiser au passage une employée hispanophone prénommée Lydia.

— Il faudrait voir à sélectionner le personnel, dans cette maison... prenez au moins des gens qui parlent anglais !

Après avoir décoché cette ultime flèche, Barbara a tourné les talons et j'ai vu Lydia vivement chasser une larme d'un revers de main.

Mary l'a prise par l'épaule et s'est voulue rassurante.

— Allons, les mots ont dépassé sa pensée. Ce n'est rien, Barbara est bouleversée.

Facile à dire...

Lydia a voulu esquisser un pâle sourire, mais elle était mortifiée. Il lui faudrait un certain temps avant de s'en remettre. Nous l'avons regardée s'éloigner dans un silence embarrassé, puis Mary s'est tournée vers l'autre aide-soignante.

— Voyez si vous pouvez retrouver ces chaussons.

J'ai attendu que la jeune femme nous quitte.

— Eh bien, je suis encore tombé au bon moment, comme d'habitude ! Qu'est-ce que c'est que ça ?

— « Ça ? » Mais c'est la fille de Mr Straham ! Vous ne la connaissiez pas ?

— Je ne l'ai vue qu'une seule fois, quand son père est arrivé, mais je l'ai eue parfois au bout du fil. Nous avons même beaucoup parlé, ces derniers temps.

J'observais Mary. Perfectionniste comme je la connaissais, elle devait secrètement bouillir. Outre la blessure d'orgueil, après s'être fait taxer de négligence, elle souffrait doublement pour ses adjointes.

— Il faut que je grille une cigarette !

Mary a regagné le bureau des infirmières pour prendre son paquet de cigarettes mais, la voyant ressortir sans son manteau, j'ai compris que l'orage était passé.

— Franchement, Mary, je ne sais pas comment vous faites.

— On se demande, hein ? Bah ! ça fera bientôt dix ans que je suis à Steere House, et j'ai travaillé ailleurs. Aujourd'hui, je suis capable de ranger les proches dans différentes catégories : il y a ceux qui sont en colère, ceux qui se sentent coupables, ceux qui ont peur, et les familles qui cumulent les trois. Nous faisons de notre mieux pour les aider à accepter *ça*.

Service, pensionnaires, inéluctable issue, Mary embrassait le tout d'un geste large.

— Ils finissent par y parvenir avec le temps, mais certains refusent cette réalité.

— Dans quelle catégorie classeriez-vous Barbara Calderon ?

— Sans doute se sent-elle tout bonnement coupable.

Mary restait songeuse.

— Mr Straham n'a pas dû enfiler ces pantoufles depuis six mois, mais si je ne les retrouve pas dans les minutes à venir, elle ira se plaindre à mes supérieurs.

— Avez-vous essayé de lui parler ?

— Ça entre par une oreille et ça sort par l'autre.

— Je vous admire ! Nous, les médecins, au moins, nous bougeons.

— Vous savez, ceux qui se sentent coupables, comme Barbara, ne sont pas si méchants. Il suffit de se blinder, on se fait incendier pour une bêtise, mais ils finissent toujours par se calmer. Si ça se trouve, Barbara viendra même nous présenter des excuses avant de repartir. J'en connais de beaucoup plus pénibles.

— Ah bon ?

— Oui, comme je vous le disais, certains ont peur de la maladie, en redoutent les effets. Cela se conçoit, mais ils sont souvent dans le déni. À peine arrivés, ils se mettent à chicaner pour un rien, un changement dans un régime. Ils vous harcèlent de questions. C'est très dur, car ces gens sont pitoyables. Le jour où ils comprennent enfin, on dirait qu'ils se sont fait rosser à coups de madrier.

Mary a laissé échapper un soupir.

— Dommage que vous ne puissiez pas fumer ici !

— Allons, David, vous ne le regrettez pas le moins du monde ! a rétorqué Mary en souriant. Enfin, nous avons les agressifs, jamais contents. Pas plus tard que la semaine dernière, la fille d'une patiente m'a demandé pourquoi sa mère devait marcher avec un déambulateur. « Parce qu'elle est tombée deux fois », ai-je répondu, et elle s'est mise à hurler. À l'en croire, je refusais de voir l'état de sa mère s'améliorer car je n'avais qu'une idée : me débarrasser d'elle pour libérer un lit.

— Vous plaisantez ?

— Ah ! j'aimerais bien !

Il est facile de comprendre l'état d'esprit de ces gens qui voient sombrer un être cher. Franchement, dans la même situation, je ne sais quelle serait ma réaction. Peut-être serais-je tenté de trouver un bouc émissaire, mais pourquoi s'en prendre à des soignants qui ne cherchent qu'à les aider ?

En pleine errance, aux commandes de son déambulateur, Louise est venue nous interrompre.

— Ah ! votre fan-club ! s'est exclamée Mary qui l'avait aperçue avant moi.

J'ai fait le tour du comptoir et salué Louise, dont le sourire s'est épanoui. Elle a ensuite marmonné quelques sons incompréhensibles dont Mary a assuré la traduction.

— « Comme vous êtes grand ! »

J'ai serré la patiente sur mon cœur, ce qui m'a valu un petit gloussement, puis Louise a repris son errance.

— Elle se déplace très bien, ai-je constaté en la suivant des yeux.

— Oh ! elle n'a aucun problème de mobilité, elle passe son temps à visiter les chambres de ses voisins, parfois à leur insu !

Brusquement, Mary s'est dressée comme un ressort et s'est précipitée derrière Louise qu'elle a rattrapée deux ou trois portes plus loin. Quelques instants plus tard, elle est revenue me montrer ce curieux assortiment : un pull beige, un stéthoscope et des chaussons d'homme.

— Mrs Childress, notre cleptomane de service, m'a expliqué ma collègue en posant le tout sur le comptoir. Ceci appartient à un interne qui se trouvait chez nous, la semaine dernière. Il a dû le chercher partout !

Après avoir mis en sûreté le stéthoscope dans son bureau, Mary s'apprêtait à rapporter les chaussons.

— Attendez ! Vous permettez que j'aille remettre

ceci en main propre ? J'aimerais bien savoir ce que mijote Barbara.

— Je vous en prie !

Lui passer un savon, voilà ce que je comptais faire. Je sais ce qu'il en coûte de voir un être cher dans cet état, mais il y a tout de même des limites. Barbara venait vraiment de dépasser les bornes.

Je l'ai trouvée sur son lit, la tête nichée dans le giron de son père, comme mon fils devant la télévision.

— Je viens vous rapporter ceci.

Barbara a levé la tête et j'ai vu, sous les yeux rougis, des traînées de mascara, vite effacées d'un revers de manche.

Au moment de poser les chaussons sur la table de nuit, je n'ai pas mâché mes mots.

— Permettez-moi de vous dire que je ne vous ai pas trouvée très tendre avec le personnel, tout à l'heure.

Barbara a fondu en larmes, je ne parle pas d'une larmichette, mais d'un véritable torrent libérateur.

Navré de l'avoir fait pleurer, je me suis assis auprès d'elle pour lui donner le temps de se ressaisir, et j'ai attendu qu'elle soit un peu calmée pour lui tendre la boîte de Kleenex.

— Je regrette, docteur. Je me demande ce qui m'a pris. Je me sens stupide, si vous saviez ! Vous voulez bien m'excuser auprès de Lydia ?

— Le mieux serait de le faire vous-même. Pour votre gouverne, sachez que Lydia est une de nos meilleures aides-soignantes, et qu'elle suit des cours du soir cinq jours par semaine afin d'améliorer son anglais.

Au bord des larmes, Barbara s'est tournée vers la fenêtre sans ajouter un mot.

— À peine ai-je un pied dans cette maison que le désespoir me prend. Enfin, regardez-le ! a-t-elle ajouté en tendant la main vers son père. Est-il seulement conscient de ma présence ? Je me le demande !

— Vous êtes auprès de lui, vous ne pouvez rien faire de plus.

Barbara s'est contentée de hocher la tête.

— Je comprends, mais mon cœur, lui, reste sourd.

Combien de fois ai-je entendu cette réflexion ? Si le raisonnement lui permettait d'appréhender la situation, Barbara voyait Saul comme celui qui l'avait élevée.

— Regardez cet air idiot, ce visage sans expression. Ce père séduisant, auprès de qui j'ai grandi et qui était tout pour moi... Cet homme qui m'accompagnait tous les jours à l'école... que je pouvais appeler si j'avais des soucis au travail ou quand ça n'allait pas avec un homme. Que suis-je pour lui, maintenant ?

— N'auriez-vous personne à qui vous confier ? C'est trop lourd à porter quand on est seul. Un groupe de soutien, peut-être ? Je pense à un thérapeute ou même à un prêtre.

— Il nous arrive de parler, quand mon fils est là. Ça me fait du bien, je crois.

Un tendre sourire de mère a effleuré les lèvres de Barbara.

— Si vous saviez comme il sait s'y prendre avec papa ! Il se contente de lui raconter des blagues ou de lui lire la page des sports, sans se laisser démonter par tout ça... cet endroit, son état. Il parvient même parfois à lui arracher un sourire. Dans le temps, ils allaient voir jouer les Red Sox, tous les deux.

D'un signe de tête, Barbara m'a montré le cliché que j'avais remarqué, sur la table de nuit : Saul posant devant le stade de Fenway, auprès d'un jeune garçon.

Le visage de Barbara n'exprimait plus qu'une grande frustration.

— Moi, je ne sais pas ! s'est-elle rageusement exclamée avant de fondre en larmes, une fois de plus.

Je me suis contenté d'acquiescer en silence. Dans ce métier, il faut parfois savoir se taire.

— Ah ! docteur, je me sens tellement coupable ! En permanence. Après chaque visite, je pleure tout le long du trajet.

Un sourire s'est dessiné sous les larmes.

— Vous n'imaginez pas le nombre de chemisiers que j'ai gâchés avec du mascara. Je devrais pourtant le savoir, maintenant !

À en juger par son état, celui qu'elle portait ce jour-là ne tarderait pas à prendre le chemin de la poubelle.

— Docteur, je sais que vous ne m'approuvez pas quand j'exige qu'on poursuive les traitements.

J'ai voulu répondre, mais Barbara m'a interrompu d'un geste.

— Comprenez-moi, j'ai l'impression qu'en dehors de ses volontés, il ne me reste rien de papa. Or, il ne voulait pas que l'on arrête les soins.

C'était un autre débat qu'il nous faudrait aborder une autre fois, très bientôt peut-être, mais pas ce jour-là. Ce père qui les emmenait aux matches, son fils et elle, ne reviendrait jamais. Toutefois, je me refusais à lui asséner cette vérité. Pour l'heure, je n'avais qu'un peu de réconfort à apporter.

— Vous avez le temps d'y songer. Je ne sais si cela vous aidera beaucoup, mais je comprends très bien ce que vous vivez. Votre père semble le même, mais il est si diminué qu'il n'a plus rien de l'être que vous avez connu. Des proches ayant eu des parents fauchés par un cancer ou un accident de voiture m'ont confié qu'il était beaucoup plus dur de voir lentement sombrer un être cher atteint de démence.

Barbara n'a pas répondu, mais le message était passé. Elle a fini par sécher ses larmes et son visage s'est éclairé. Peut-être se sentait-elle un peu moins seule avec sa souffrance. Serait-ce aussi simple ?

— Merci, docteur.

— Mais de quoi ? Des chaussons ? lui ai-je demandé dans un grand sourire.

— Bien sûr, a répliqué Barbara, souriant à son tour. Des chaussons...

10

« Un chat se tient toujours du mauvais côté de la porte. »

Anonyme

Il était temps de retrouver mon énigme et de traquer la vérité. Oui, mais quelle piste suivre ? Selon son habitude, Mary a balisé l'itinéraire en me remémorant cet épisode de l'histoire de Steere House.

— Si l'on devait décerner le prix des parents les plus présents dans cette maison, ne reviendrait-il pas à Rita et Annette ?

Sans aucun doute.

En tout, les deux sœurs avaient passé dix ans au troisième étage, d'abord auprès de leur père, puis au chevet de leur mère. Qui était mieux placé pour m'éclairer sur mon rébus à quatre pattes ?

Imaginant qu'elles n'accepteraient pour rien au monde de remettre les pieds dans l'établissement, j'ai toutefois composé le numéro de Rita. Bien au contraire, les deux sœurs me proposèrent de me retrouver à Steere House quelques jours plus tard.

— Parler d'Oscar sera toujours un plaisir, m'a répondu Rita. Et nous serons ravies de revoir les vieux amis.

Après une journée bien remplie au cabinet, j'ai évoqué en chemin les dix dernières années, riches en bouleversements. Interne, puis assistant, j'avais assis ma carrière de médecin libéral, j'étais marié et père de deux enfants... L'indépendance et l'égoïsme de ma vie de célibataire étaient loin derrière moi et j'appréciais désormais les joies et les responsabilités familiales. Physiquement, je n'étais plus le même. À mon grand dam, j'avais pris dix kilos superflus, et j'observais à la fois un début de calvitie et plus de cheveux gris que je ne l'aurais souhaité. J'avais également appris à vivre avec une affection chronique et à en supporter les contraintes.

Pendant ce temps, Annette et Rita avaient dû veiller sur leurs parents, l'un après l'autre, chez elles, puis à Steere House. Certes, la mort et la vie ne font qu'un, comme je ne cesse de le répéter à mes patients, mais je voyais là une certaine injustice. J'avais tout de même tiré le meilleur numéro !

Entourées d'une véritable cour d'employés, les deux sœurs m'attendaient dans le hall. N'étant pas revenues à Steere House depuis des mois, elles rattrapaient le temps perdu. Le personnel de cette maison avait pris une telle importance dans leur vie ! Je suis resté en retrait pour observer le ballet des infirmières et aides-soignantes venues bavarder avec Annette et Rita, manifestement très à l'aise. Pas de larmes, aucune tristesse, mais des rires et des sourires chaleureux. Tout cela tenait d'une réunion de famille que je m'en serais voulu de troubler. Rita a fini par remarquer ma présence et m'a adressé un petit signe.

— Bonjour, Rita. Vous paraissez très en forme. Annette aussi, d'ailleurs.

Nous avons rejoint la bibliothèque en plaisantant.

— Cela doit faire une drôle d'impression de se retrouver ici, non ? leur ai-je demandé.

Submergées par les souvenirs, chaque porte semblant en receler la mémoire précise, les deux sœurs ont acquiescé en silence.

Sur le seuil de la bibliothèque, Rita a néanmoins lancé, avec une belle spontanéité :

— Il est si difficile de lâcher prise !

Elle a promené un regard un peu absent sur cette pièce qui pendant des années lui avait tenu lieu de foyer.

— Pour quelle raison, selon vous ?

Lâcher prise... L'expérience m'avait appris qu'il n'y avait rien de plus difficile, pour les familles. Je tenais toutefois à ce que Rita creuse un peu la question.

— On voudrait tant qu'ils reviennent ! Vous ne pensez qu'à ça, revoir celui qui signait les carnets de notes, celle qui faisait cuire la dinde pour Noël. Oui... mais ils ne reviendront pas.

Comprendre et accepter, qu'y a-t-il de plus dur ? Souvenirs, expériences partagées, espoirs et angoisses, les liens unissant deux êtres sont impalpables. Lorsque l'un disparaît, l'autre reste seul, ne tenant plus dans la main que la ficelle du cerf-volant. Les souvenirs aident à tenir, mais l'intangible, ce qui faisait la relation, est perdu à jamais. Et tout n'est pas résolu, loin s'en faut. Il ne reste que les disputes sans fin, les gentillesses que l'on n'a pas su dire, ce dont on n'a jamais parlé... C'est une écharde à fleur de peau, invisible et douloureuse, qu'il faut exposer au grand jour. Sinon, la perte d'un être cher est impossible à accepter.

— J'aimerais savoir comment vous avez réussi à assumer.

Cette fois, la réponse est venue d'Annette.

— Avec le temps, mais au début, je n'ai pas compris. Je n'ai rien vu venir.

Ça, c'était inédit.

— Que voulez-vous dire ?

Annette a repris le fil de son récit.

— Eh bien, voilà. Le diagnostic était tombé depuis quelques années quand, très tard un soir, mon père m'a appelée. Je lui ai fait remarquer qu'on était au milieu de la nuit et qu'il ferait mieux de se recoucher, mais il était trop angoissé. « Il y a une drôle de bonne femme auprès de moi, m'a-t-il dit. Viens me chercher, je t'en prie ! »

Annette a hoché la tête sous le poids des souvenirs.

— J'ai passé près d'une heure à le convaincre que cette femme, dans le lit, était ma mère... sa femme. Enfin, j'y suis tout de même arrivée. Ensuite, tout a été de mal en pis. Les coups de fil se sont rapprochés, a enchaîné Annette. J'ai du mal à l'admettre, mais je manquais de patience, les premiers temps.

Après quelques secondes d'hésitation, Annette a avoué, en souriant :

— Bon, d'accord, j'étais furieuse ! Est-il possible de passer sa vie à répéter que « la drôle de bonne femme » est votre mère ? C'était aussi navrant qu'agaçant. Non, ce n'était pas facile ! Il faut biaiser, changer de sujet, surtout ne pas s'embarquer dans des explications, comme on finit par le comprendre. Je passais à autre chose sans chercher à convaincre papa que « la drôle de bonne femme » était *sa* femme.

— Pour maman, ce fut pareil, m'a expliqué Rita. En arrivant dans le service, elle reconnaissait l'établissement où elle venait voir papa avant sa mort, aussi a-t-elle tout de suite aimé Steere House. Les souvenirs affectifs liés à cet endroit lui ont permis de s'attacher à ces lieux familiers dont elle retrouvait la disposition, sans oublier les chats.

Annette a enchaîné, en riant :

— Elle aimait beaucoup Maya, mais pas trop Oscar. Et puis, elle connaissait le personnel, c'était rassurant. Quand nous étions là, elle s'inquiétait parfois de mon père.

Rita a ajouté, avec un sourire matois :

— Nous répondions qu'il était au téléphone, qu'il allait revenir.

— On devient expert en l'art de tromper son monde, a repris Annette. En tout cas, moi, je l'étais devenue.

— Les petites ficelles que l'on peut inventer ! a fait remarquer Rita dans un petit rire.

« Petites ? » Pas tant que ça !

— Vous êtes-vous senties coupables ?

— De mentir ? a répliqué Rita tout à trac.

Annette a vigoureusement secoué la tête.

— Nous l'avons pris comme un rôle. Pour distraire celui dont la mémoire flanche, on doit apprendre à faire l'acteur.

Elle a ajouté, en souriant :

— Comme il était impossible de ramener maman dans notre réalité, il nous fallait rejoindre la sienne.

— En un sens, cela nous a aidées, a enchaîné Rita. Ces diversions nous ont permis de nous concentrer sur le présent. Sinon, vos pensées s'égarent vers le passé ou l'avenir, sans jamais se stabiliser. C'est usant !

Manifestement, bien malgré elles, elles étaient passées maîtres en ce domaine.

— Vous avez parfaitement su faire face, il me semble.

— Ne croyez pas que ce fut facile, docteur Dosa,

a rectifié Annette. Ce qui marchait avec papa ne convenait pas pour maman, il fallait adapter la stratégie. Certains jours, je quittais le bureau en larmes, je craquais souvent.

Stoïque, Rita a tenu à confirmer :

— Vers la fin, maman ne me reconnaissait plus.

— Que faisiez-vous ?

— On apprend à se contenter de petits riens qui réconfortent.

Ce refrain m'était familier.

Annette est intervenue :

— Ma mère aimait la musique cajun. Jusqu'au bout, elle a battu la mesure avec le pied en écoutant ses airs favoris. Il y eut aussi la crème glacée, quand elle a cessé de manger. Que ne ferait-on pas pour les rendre heureux !

— Patient ou aidant, s'habituer à la maison de retraite demande tout de même du temps.

Cette remarque de Rita m'a permis d'orienter la conversation vers Oscar.

— La présence des chats vous a-t-elle aidées à trouver ici un vrai foyer pour vos parents ?

Annette a acquiescé.

— Tout à fait. Oscar et Maya nous ont beaucoup aidées, ma sœur et moi. Ils font de cet endroit un vrai lieu de vie. Ils sont fascinants à observer quand ils s'étirent dans un rai de lumière... C'est fou ce qu'ils peuvent distraire les patients, et les visiteurs aussi.

— Le yoga de minou ! a renchéri sa sœur avec enthousiasme. Et cette façon qu'ils ont de se poster derrière la fenêtre pour regarder défiler la parade, de faire leur toilette comme si rien d'autre n'avait d'importance.

« Ça, je vous crois ! », ai-je pensé.

— Eux aussi ont su faire diversion... Une bien charmante diversion, a conclu Rita.

— Oscar est-il resté jusqu'à la fin ?

Rita a esquissé un sourire.

— Si je n'avais pas été là, je n'aurais jamais voulu le croire, docteur.

— Quoi donc ?

— Les fausses alertes se sont succédé, pour maman. Dès que son état s'aggravait, les allées et venues commençaient, Oscar prenait sa garde. Il ne restait pas, se contentant parfois de flairer les pieds de ma mère et de ressortir aussitôt.

Lui flairer les pieds ? Voilà qui était nouveau.

— C'était inhabituel ?

— Non, nous avions entendu dire que le chat était coutumier de ce genre de chose.

Rita a pris son souffle avant de se lancer dans le récit du dernier jour.

— Il y eut tout d'abord ces grattements très nets... *Crrr, crrr, crrr.* Je me souviens, j'ai regardé ma sœur, ne sachant d'où cela pouvait bien venir. Nous avons jeté un coup d'œil dans le couloir sans apercevoir le moindre chat. Puis le bruit a repris, *crrr, crrr, crrr,* et cela une heure durant, jusqu'à ce qu'on frappe à la porte.

Annette a pris le relais.

— Une aide-soignante est venue nous demander si nous voulions bien laisser la porte ouverte. Nous nous sommes regardées, sans doute effarées de l'entendre expliquer que le chat cherchait désespérément à entrer.

— Mais d'où provenaient ces grattements ?

— Il semblerait que, lassée d'attendre, la pauvre bête ait pénétré dans la chambre voisine. Elle grattait la cloison pour nous faire comprendre qu'elle se trouvait là et voulait nous rejoindre.

— L'aide-soignante a ajouté qu'Oscar arpentait le seuil de la chambre depuis des heures, a précisé Rita. La voie enfin libre, le chat s'est précipité dans la pièce et a sauté sur le lit d'un air satisfait. Il s'est ménagé une place auprès de maman et s'est roulé en boule pour s'endormir.

— Nous n'en croyions pas nos yeux, s'est souvenue Annette.

— Était-il présent quand votre mère est morte ?

Ce n'était sûrement pas la première fois que Rita contait cet épisode, je l'ai compris à son geste pour m'interrompre.

— Attendez la suite, docteur ! L'aide-soignante est revenue changer les draps un peu plus tard. Bien décidée à chasser le chat, elle s'est avancée jusqu'au lit mais, sans cesser de la toiser, notre ami a obstinément refusé de bouger. Il s'est mis à cracher et, quand elle a voulu l'attraper, il lui a donné un coup de griffe.

Au cuisant souvenir de ma première rencontre avec Oscar, je me suis machinalement frotté la main là où il m'avait griffé.

— Alors, qui a gagné ?

Je connaissais déjà l'issue de la confrontation...

— Oscar, naturellement. L'aide-soignante a fini par abandonner la partie et le chat est resté auprès de maman jusqu'à la fin. En fait, il a attendu l'arrivée du représentant des pompes funèbres pour consentir à la quitter.

— Le plus étonnant, a repris Annette, fut le moment où maman est partie sur le chariot, après le passage de l'entrepreneur des pompes funèbres. On aurait dit qu'Oscar se tenait au garde-à-vous.

— Oui, il avait l'air d'une sentinelle, a confirmé sa sœur.

— Mmm. C'est ça, une sentinelle.

*

J'aurais pensé que les deux sœurs chercheraient à fuir le service de gériatrie comme on fuit le théâtre d'un accident, mais elles ne semblaient nullement pressées de s'en aller. « Steere House est un peu notre second foyer », m'avait confié Rita. Si les amitiés nouées au fil des ans expliquaient cet attachement aux lieux, Oscar et ses amis à quatre pattes n'y étaient pas étrangers non plus. « Un lien entre mère et fille », avait conclu Mary de ma rencontre avec Donna. Ce chat qui avait le pouvoir de mener en douceur vers un univers moins hostile et plus rassurant était un guide pour ses patients. Du moins étais-je tenté de le croire.

Cela explique sans doute que nous ayons gardé ces chats à Steere House, et depuis si longtemps. Évoqueraient-ils un animal disparu ? Est-ce parce qu'ils ne jugent pas ? Toujours est-il que les malades leur sont très attachés. Un chat se fiche éperdument de savoir ce que vous faites dans la vie, si vous êtes riche ou pauvre. Peu importe que vous ayez oublié son nom ou ignoriez tout de l'actualité.

Jusque-là, nous n'avions pas compris leur importance auprès des familles, et ce bien avant qu'Oscar ne prenne ses gardes. Ils avaient pour rôle de rassurer des visiteurs bouleversés en découvrant la maison. Pour bon nombre de proches, le quotidien d'un établissement de long séjour représente un véritable électrochoc, alors on cherche une béquille, des repères auxquels se raccrocher. Ne serait-ce qu'un chat.

11

« Il y a deux moyens d'oublier les tracas de la vie : la musique et les chats. »

Albert Schweitzer

La demeure des Ferretti ressemblait à ces doubles pages que l'on peut voir dans *Architectural Digest.* Sur une colline surplombant Providence, le pavillon orienté au sud dominait le panorama urbain déployé derrière les larges baies vitrées. Rien ne venant rompre la perspective des pièces en enfilade, le vaste intérieur donnait une impression d'espace. Toutes les facettes du mobilier contemporain étaient parfaitement nettes, le moindre recoin très clair et d'une impeccable propreté. Quant aux murs, ils disparaissaient sous les rayonnages et les œuvres d'art.

— C'est ici que nous avions l'intention de nous installer, m'expliqua Jeanne, un après-midi d'hiver. Mon mari adorait cet endroit.

Jeanne Ferretti m'a conduit jusqu'à la cuisine où nous nous sommes assis.

— Si vous voulez bien regarder ceci, a-t-elle ajouté en posant un dossier devant moi. Lino était quelqu'un de très ouvert et nous n'avions guère de secrets l'un pour l'autre, mais il gardait ses agendas professionnels dans un tiroir. C'était son jardin secret, que j'ai toujours respecté. Après son décès, il m'a bien fallu six mois pour trouver le courage d'y jeter un coup d'œil.

J'ai ouvert le classeur et mon regard s'est posé sur la première page :

Cher...
...DIEU
merci...
à toi...

Perplexe, j'ai regardé Jeanne, postée derrière la fenêtre.

— De la part d'un homme qui voit son univers lui échapper, c'est étrange, n'est-ce pas ? Tournez la page.

J'ai découvert d'autres mots, disposés de façon similaire :

JEANNE

Ma petite demoiselle
Mon CŒUR

— Ce sont les surnoms qu'il m'avait donnés au fil des ans.

De tendres termes d'affection.

À la page suivante, je suis tombé sur les jours de la semaine imprimés en capitales, alignés en colonne, de lundi à dimanche.

En parcourant ce cahier digne d'un jeune enfant, j'ai compris que chaque page reflétait un aspect du combat de Lino contre le mal. Sur l'un des feuillets, s'égrenaient les lettres de l'alphabet en lettres manuscrites et caractères d'imprimerie. Plus loin, j'ai trouvé des dates importantes, celle de son propre anniversaire, de celui de son fils, la fête nationale, Thanksgiving, Noël.

La feuille suivante a retenu mon attention, c'était une antisèche comme en préparent les écoliers avant une interro, où étaient inscrits la date, la saison, le jour de la semaine et les noms du président des États-Unis et du gouverneur de l'État.

J'éprouvais un sentiment de malaise, l'impression d'espionner cet homme, et j'ai levé les yeux vers Jeanne, dont le regard errait sur le jardin.

— Comme il s'est battu contre la déchéance ! m'a-t-elle confié au bout d'un petit moment. Je ne l'ai vraiment compris qu'après son départ. C'était un domaine auquel je n'avais pas accès.

Elle m'a alors montré l'antisèche préparée en vue de l'examen médical.

— Là, je l'ai aidé. Il savait qu'il avait rendez-vous chez le médecin et tenait absolument à revoir ces quelques notes. Nous y avons passé des heures, je ne pensais pas qu'il les avait gardées.

Jeanne a hoché la tête en souriant.

— Cela n'a pas servi à grand-chose. Il n'a pas trouvé beaucoup de réponses, j'étais au bord des larmes dans ce cabinet où il se trompait à chaque réponse, ou presque, après avoir pioché avec un tel acharnement.

En tant que prescripteur de ces tests, je dois confesser mon étonnement. Jamais je n'aurais pensé que les patients aient l'idée de bachoter pour piéger le système !

En feuilletant le classeur, Jeanne a fini par trouver ce qu'elle cherchait.

— Regardez.

C'était un extrait d'un célèbre dictionnaire musical contenant les définitions très détaillées de divers instruments : trompette, piano, saxophone et trombone, entre autres. Sur la page suivante figurait un schéma des accords majeurs et mineurs. Au bas, une inscription manuscrite indiquait le 23 janvier 2003, quatre ans après le début de la maladie, et plus de trois avant le décès de Lino.

— La musique était toute sa vie.

*

Pour apprécier un être à sa juste mesure, il faut connaître son histoire. Ercolino Ferretti, Lino pour ses amis, était issu d'une de ces nombreuses familles italiennes de la première génération, vivant dans les banlieues industrielles de Boston depuis le début du XXe siècle. Son père, cheminot, gagnait à peine de quoi vivre, et sa mère était ouvrière dans l'industrie textile. Comme de nombreux immigrants ayant bâti cette nation, ils n'avaient pas une vie facile mais gagnaient honnêtement leur pain.

Au fil d'une existence de quatre-vingt-sept ans, Lino avait réussi à échapper à l'usine en devenant le type parfait de l'homme de la Renaissance. Un temps privé de sa passion par le service militaire et la guerre, ce musicien avait maîtrisé sans difficulté la pratique de plusieurs instruments, puis rejoint le monde de la musique au prestigieux Conservatoire de Nouvelle-Angleterre. Salué par certains professeurs comme l'un des compositeurs les plus doués de sa génération, il a fini par franchir les frontières de la musique contemporaine pour se risquer dans des créations d'une complexité extrême, exigeant une palette d'instruments introuvables au sein d'un orchestre symphonique traditionnel. L'exécution de ses œuvres se heurtait toutefois à des impératifs logistiques, et Lino cherchait une structure qui lui permît de persévérer dans cette voie et de présenter au public des créations fort éloignées de l'orthodoxie. Cette tribune, l'univers en pleine expansion des ordinateurs devait la lui offrir.

S'il n'a pas atteint une consécration planétaire, Lino était un pionnier. Eût-il suivi une voie plus classique ou choisi la direction d'orchestre, comme le lui conseillaient ses professeurs, sans doute serait-il aujourd'hui célèbre, mais il s'est aventuré dans le monde de la cybernétique à une époque où les ordinateurs étaient suffisamment gros pour occuper toute une pièce. Il enseignait au MIT et ses recherches étaient connues dans le monde entier. Il partageait d'ailleurs ses découvertes avec des précurseurs de son niveau. Dans l'informatique, il avait trouvé un forum idéal pour sa musique. Or, il suffit aujourd'hui de brancher un ordinateur ou d'écouter un baladeur numérique pour comprendre à quel point la musique est devenue digitale.

Curiosité et agilité d'esprit ont permis à cet homme d'être toujours en phase avec l'univers en perpétuelle mutation de la cybernétique. Il était d'ailleurs resté actif en ce domaine bien après son départ à la retraite.

Mais, un jour, il s'est trouvé bête devant son ordinateur.

« Comment ça se branche ? », a-t-il demandé à sa femme, interdite, un beau matin de 2001. L'homme qui avait exécuté des œuvres d'une complexité musicale inouïe butait sur une tâche aussi simple ! Bien sûr, il y avait déjà eu quelques oublis, comme des rendez-vous manqués et cette fois où il avait été incapable de libeller un chèque, mais il était si facile de ne pas en tenir compte. « C'est juste un peu de fatigue, disait sa femme en guise d'excuse. Il a trop de choses en tête. » Pour Jeanne, le jour où son époux ne parvint pas à allumer l'ordinateur marqua le début de la fin. Affolée, elle sollicita sur-le-champ un avis médical.

Lors de sa première visite au cabinet, quelques

années après la diagnostic, Lino était capable de mener une conversation et n'avait rien perdu de son autonomie. Deux ans plus tard, son état exigeait une assistance de chaque instant. Il passa les douze derniers mois à Steere House, Jeanne ne quittant plus son chevet.

Cette dernière s'était approchée pour me montrer la page couverte de définitions musicales relatives aux instruments les plus courants.

— Dans l'éloge funèbre, j'ai dit que la musique était sa passion et sa vie, regardez ce que la maladie a fait de lui. Voir disparaître ainsi son intelligence et sa créativité, le voir réduit à ça... ce fut le plus atroce.

À ce moment, Jeanne Ferretti s'est écartée pour brancher la chaîne stéréo.

— J'aimerais vous faire entendre quelque chose.

Brusquement, les accents d'un quartette de jazz ont envahi la pièce.

— Mon mari adorait le jazz, cet enregistrement en particulier. Le mal progressait, mais sa passion pour la musique demeurait intacte.

Tout en écoutant le quartette de musiciens swinguant à l'unisson, j'ai passé en revue tous les patients dont j'ai eu la charge, puis je me suis remémoré la naissance de ma petite dernière, il y a tout juste six mois. La musique participe de l'inné et semble échapper aux ravages opérés par certaines pathologies liées au vieillissement. Ainsi que le découvrent bien des jeunes parents, c'est le seul moyen de calmer un enfant qui hurle, ai-je pensé en évoquant mes nombreuses soirées passées depuis quelque temps en compagnie de Jean-Sébastien Bach. C'est fou ce que cette musique, qui a le même effet sur les patients atteints de démence, a le don d'apaiser la petite. C'est une porte ouverte, un moyen de communiquer.

Jeanne était retournée à ses souvenirs.

— Lorsque nous vivions encore ici, la journée débutait toujours avec une cantate de Bach ou un concerto de Mozart, mais nous écoutions aussi du Vivaldi ou du Dvorak, que Lino adorait. D'ailleurs, il les aimait tous. Avant son départ pour Steere House, c'est moi qui branchais le lecteur de CD. Il s'immergeait alors dans la musique en se balançant dans son rocking-chair.

Jeanne est revenue s'asseoir et nous avons écouté en silence jusqu'à cette réflexion :

— Le plus étonnant, c'est que Lino n'ait jamais perdu sa sensibilité musicale. À Steere House, il n'était plus capable de grand-chose, mais s'il s'agitait, il suffisait de lui passer un disque de jazz et il restait des heures dans son fauteuil, parfaitement paisible.

Brusquement, Jeanne a cherché mon regard.

— Pourquoi ? Pourquoi cette maladie reste-t-elle si mystérieuse ?

— Je me demande si certains souvenirs profonds ne seraient pas tout bonnement gravés à jamais. À mon avis, les réactions instinctives demeurent et certaines bribes de mémoire ne s'effacent jamais totalement. Je sais, par exemple, que Lino a fini par oublier votre nom, mais je suis prêt à parier qu'il était conscient de votre importance.

Sans doute un peu rassurée, Jeanne s'est contentée d'acquiescer, mais peut-être le savait-elle déjà.

— C'est possible, mais je ne comprends toujours pas la raison de tout ça.

— Je pense que les souvenirs sont bien présents mais inaccessibles, un peu comme un disque dur endommagé dont les fichiers seraient impossibles à consulter. Il arrive cependant que certaines données parviennent à filtrer. Selon moi, cela expliquerait que tant de pensionnaires réagissent encore à la présence d'un bébé ou d'un animal comme Oscar.

Jeanne a souri en entendant mentionner Oscar.

— Mon mari aimait beaucoup les animaux, surtout les chats. Avant la naissance de mon fils, nous avions deux siamois que nous considérions comme nos enfants. Malheureusement, le petit était très allergique, aussi n'avons-nous pas repris de félins après leur disparition.

— Lino était donc sensible à la présence d'Oscar ?

— Oh oui ! Il lui arrivait même de le suivre dans le service.

J'imaginais bien Lino, cet esprit curieux, éberlué devant ce Fregoli qui restait hors d'atteinte. Attention, ce chat ne passait pas pour particulièrement câlin, et notre félin chéri n'appréciait probablement pas d'être l'objet d'une telle curiosité. Aux yeux de Lino, perdant la mémoire et ses autres facultés, mais dont la passion pour la musique restait intacte, Oscar devait sembler aussi inaccessible que l'ultime accord, celui qu'il ne trouverait jamais. Mais peut-être aimait-il tout simplement courir après les bêtes ?

— Le chat était-il auprès de lui, dans les derniers instants ?

— Oui, je crois qu'il a compris avant les infirmières. Comme vous le savez, mon mari s'est enfoncé très vite et nous refusions les traitements agressifs. Le jour de sa mort, je suis arrivée dans l'après-midi. Ça n'allait pas bien fort, mais Lino s'accrochait. Une infirmière est venue me dire qu'il avait encore un peu de temps devant lui et que je pouvais retourner chez moi. J'ai donc décidé de rentrer prendre une douche, mais le coup de fil ne s'est pas fait attendre. J'ai tout de suite vu que l'ambiance avait changé. L'éclairage était tamisé... et j'ai découvert Oscar qui avait pris son tour de garde. Et là, j'ai compris. J'avais entendu parler de ce chat. Lorsque mon fils est arrivé, je me suis souvenue des allergies et lui ai proposé de faire sortir l'animal.

Un pâle sourire a effleuré les traits de Jeanne.

— « Non ! » a-t-il répliqué d'un ton catégorique. « Papa adorait les chats et je suis persuadé qu'il aurait aimé avoir Oscar auprès de lui. » Puis il m'a promis que tout irait bien.

Nous avons d'abord écouté la musique en silence. J'observais Jeanne, perdue dans la contemplation d'un oiseau qui venait de se poser sur la mangeoire, derrière la fenêtre. Comme la mangeoire était vide, l'oiseau est reparti et l'épouse de Lino a tourné vers moi un visage empreint de gravité.

— Croyez-moi, docteur, il n'y a rien de plus affreux que de voir partir de cette façon un être cher.

Puis, passant sur son front le mouchoir qu'elle avait gardé à la main :

— Si vous saviez comme je remercie le Ciel de ces bonnes années ! Pour rien au monde, je ne renoncerais à ces moments de bonheur, mais je n'arrive pas à retrouver le Lino d'avant la maladie.

Qu'ajouter à cela ? J'étais là pour écouter et comprendre.

Jeanne a fini par conclure :

— Ce doit être ça, le mariage... pour le meilleur et pour le pire.

Son regard s'est posé sur le cadre numérique, dernière version de la « séance diapos », où défilait une succession de clichés de petits-enfants.

— Un cadeau de mon fils pour Noël, m'a-t-elle expliqué.

Je me suis tourné vers la photo du petit garçon, le genre de cliché que gardent précieusement tous les parents et grands-parents. Image même de la jubilation, le petit semblait planer sur sa luge avec cette innocence de l'enfance si loin des tortueux méandres de la réalité.

Jeanne a croisé mon regard avant de m'offrir ce dernier trésor de sagesse :

— Surtout, profitez bien de ces moments. À peine les voit-on passer qu'ils ne sont déjà plus là.

Elle s'est levée pour prendre quelques biscuits sur le plan de travail et m'a lancé :

— Allons, assez parlé de nous ! Et vos enfants ?

*

En franchissant le seuil de ma porte, ce soir-là, j'ai été accueilli par un hurlement suraigu. Ethan, trois ans, est sorti de la cuisine pour se précipiter vers moi, bras grands ouverts, son petit visage exprimant la joie la plus pure. Il me suffisait de rentrer chez moi pour illuminer la journée de ce petit bonhomme que j'ai pris dans mes bras et serré sur mon cœur.

— Comment va mon grand garçon ?

Ethan m'a piqué un baiser sur la joue avant de se lancer dans le récit haletant, assez confus et très détaillé, des dernières heures.

— Papa, tu trouveras jamais ce que j'ai vu à l'école, aujourd'hui.

— Quoi ?

— Je peux pas te dire. C'est un secret.

C'était un de nos jeux favoris. À moi de deviner.

— Ce ne serait pas un vaisseau spatial ?

Ethan a écarquillé ses grands yeux bruns.

— Noooon, papa.

— Ce ne serait pas... un DINOSAURE ?

— Noooon, papa.

— Alors un... ?

Incapable de résister plus longtemps, mon fils a lâché :

— C'était un camion de pompiers ! Et il était grand et rouge, et il faisait beaucoup de bruit.

Cette conversation s'est poursuivie jusque dans la salle de séjour où m'attendait un tableau charmant : ma ravissante épouse, allongée sur le tapis auprès de notre petite dernière. En me voyant, Dionne m'a décoché ce sourire dont je suis tombé amoureux, voici bien des années, et j'ai cru un instant voir le même sourire sur les lèvres de ma petite Emma. Ces trésors, je n'allais pas attendre la retraite pour les inventorier.

« Pour le meilleur et pour le pire... »

12

« Le temps passé en compagnie d'un chat n'est jamais perdu. »

Colette

J'avais hâte de retrouver Mary et de lui faire part de ma conversation avec Jeanne Ferretti, mais cela devrait attendre car il était 16 h 30 et l'équipe de jour avait déjà quitté les lieux. Mon secrétariat m'ayant informé de l'arrivée d'une nouvelle patiente à voir en priorité, je me dirigeais vers les ascenseurs quand une voix familière m'a stoppé dans mon élan.

— Hé ! vous ! m'a lancé Ida de son fauteuil roulant. Où courez-vous comme ça ?

— C'est que j'ai de longues jambes, Ida, ai-je rétorqué en plaisantant. Et je suis attendu partout.

— Ouais, je me souviens de cette époque. Trop de rendez-vous, jamais le temps de rien. Tout semblait si important, à ce moment-là.

— Serait-ce une façon de me faire comprendre que je dois ralentir le rythme ?

— Il faut savoir profiter du voyage, docteur Dosa, savourer l'instant.

Je me suis demandé si la vieille dame n'avait pas lu mon courrier.

— C'est drôle, mais l'épouse d'un ex-patient vient de me dire la même chose...

— Ex... Vous voulez dire qu'il est mort ?

Ida n'étant pas du genre à tourner autour du pot, j'ai acquiescé.

— Il était au troisième. Après sa disparition, sa femme a compris à quel point étaient précieux les bons moments, d'une si banale normalité.

Ida a esquissé une vague grimace pouvant signifier : « Allez-y, racontez ! » Je restais néanmoins son centre d'intérêt privilégié.

— Et vos gosses, que deviennent-ils ? Vous gardez un peu de temps pour eux, au moins ?

— Je fais ce que je peux.

— Vous n'auriez pas une photo à me montrer ? Allez, asseyez-vous une minute.

Après avoir été chercher un siège, j'ai exhibé mon organiseur.

— Qu'est-ce que c'est que ce bidule ? Encore un de ces trucs de fous que je les vois tous trimbaler. Je parie que votre existence entière est enfermée là-dedans.

— Une bonne partie.

J'ai affiché quelques clichés parmi les plus récents : l'anniversaire de mon fils, le premier sourire de ma fille.

— Qu'y a-t-il de plus important que l'éducation

de ces enfants ? Ni ces fameuses subventions que vous réclamez, ni un seul de vos patients, moi exceptée, naturellement. En êtes-vous conscient ?

— Pour vous, Ida, je serai toujours là.

— Alors, dites-moi ce que vous avez appris sur notre ami Oscar.

J'ai tourné vers la vieille dame un regard intrigué. En fin de compte, peut-être avait-elle bien lu mon courrier !

— Mary m'a tout raconté, m'a lancé Ida en riant. Elle aime bien me tenir au courant. Qu'avez-vous trouvé ?

Pesant mes mots, j'ai fini par répondre :

— Plus j'avance et plus mes certitudes s'estompent. Enfin, pourquoi ce chat se comporte-t-il ainsi ?

— Qui sait, docteur Dosa ? Il existe probablement une explication scientifique, mais est-ce d'une telle importance ? Oscar est là où il doit être.

— Sans doute, mais je suis d'une famille de scientifiques. Peu importe, à nos yeux, qu'un génie soit captif de la lampe, le tout est de comprendre comment il y est entré.

— Mais vous êtes censé faire un vœu ! a rétorqué Ida, qui s'amusait franchement. Êtes-vous croyant ?

— Eh bien, je ne crois pas aux génies, si c'est ce que vous avez en tête. Foi, religion, voilà des domaines que je n'aime guère aborder, je l'avoue. Si vous me demandez si j'allais à l'église ou à la synagogue quand j'étais petit, je vous répondrai que non. Mon père était catholique, enfant de chœur même, ma mère juive, et j'ai été élevé en parfait petit agnostique.

— Et votre femme ?

— Eh bien, elle vient d'une famille protestante. Je dis toujours que si nous parvenons à élever un bouddhiste et un musulman, nous aurons toute la gamme des grandes religions.

— Vous oubliez les Hindous ! s'est esclaffée Ida. Ceux qui croient en la réincarnation.

J'ai pouffé à mon tour.

— Vous avez raison, il va falloir penser à un troisième gosse.

J'ai levé les yeux vers Munchie, qui dormait du sommeil du juste, vautré sur le tabouret du piano.

— Avec un peu de chance, nous nous réincarnerons tous deux en chats.

— Ouais ! C'est une vraie vie de cocagne qu'ils mènent ici.

— Trêve de plaisanteries, Ida. Faut-il chercher un sens au temps passé sur cette Terre ? Je vous répondrais que oui, si telle est votre question. J'ose l'espérer, du moins. Comment peut-on faire ce métier sans admettre les nombreux mystères que la science enseignée en fac de médecine est impuissante à résoudre ?

Sur ces mots, je me suis levé.

— Hélas ! je dois monter.

— Vous allez voir cette nouvelle patiente, au troisième, a affirmé Ida avec un bel aplomb.

— Je devrais vous prendre comme secrétaire !

— Ce ne serait pas une si mauvaise idée. Je me targue de savoir ce qui se passe dans cette maison.

D'un signe de tête, Ida m'a indiqué l'ascenseur.

— J'ai vu les brancardiers l'amener voici trois heures, elle semblait plutôt mal en point. Vous feriez bien d'y aller avant qu'Oscar ne s'en mêle.

*

Comme toujours, ma petite conversation avec Ida m'avait donné matière à réflexion. Cette fois, je songeais à ma première confrontation avec l'inexplicable. Jeune interne de l'université de Pittsburgh, je m'étais un beau matin présenté dans la chambre d'une patiente, entrée apparemment pour une légère pneumonie. Si la malade n'était pas à son avantage, elle restait fort belle. Jeune, tonique, elle n'aurait pas déparé en couverture d'un magazine de mode, avec ses longs cheveux blonds et ses magnifiques yeux bleus, mais ce jour-là, je la trouvai pâle et angoissée.

— Alors, comment se sent-on ? lui ai-je demandé avec une bonhomie un peu forcée.

J'étais très jeune dans le métier et tâchais de masquer mon manque d'expérience derrière un savoir-faire relationnel exceptionnel, du moins en étais-je convaincu. À la vérité, j'avais sûrement l'air d'un mufle.

La patiente m'a observé d'un air dubitatif. Pouvait-on me faire confiance ? Très agitée, elle ne cessait de changer de position et tortillait nerveusement une mèche de ses longs cheveux.

La jeune femme a fini par se décider.

— Je dois reconnaître que je ne me sens pas mal, docteur, mais quand je me suis réveillée, ce matin, j'étais en train de rêver que j'allais mourir. J'ai beau me répéter que c'était un cauchemar, je meurs d'angoisse.

Au bord des larmes, la jeune femme a ajouté :

— C'est idiot, je sais.

Je tentai de retrouver le cours qui, par extraordinaire, aurait traité des frayeurs irrationnelles. Tâchant d'incarner l'image idéale du médecin, je lui ai posé la main sur l'épaule.

— Vous n'avez aucune raison de vous inquiéter, d'ailleurs, je pense que vous sortirez aujourd'hui, vous avez fait de tels progrès. Avec les antibiotiques, tout sera rentré dans l'ordre d'ici quelques jours.

Ma patiente ne semblant guère rassurée, j'ai ajouté :

— Ce n'était qu'un rêve. Voyons, je vais regarder ça.

Si j'étais novice dans ce métier, je savais toutefois que l'écoute est capitale, il faut partager l'angoisse d'un patient paniqué. Qu'attendons-nous, en fait ? Que l'on tienne compte de nos craintes, aussi farfelues soient-elles à première vue.

L'écoute fut efficace, l'examen également. Je sentais ma patiente se détendre. Tout en procédant à un examen complet, je ne cessais de lui répéter qu'en dehors de quelques traces de pneumonie à la base du poumon gauche, je n'avais rien décelé d'anormal. Rassurée sur toute la ligne, la jeune femme semblait retrouver le moral. Je m'apprêtais à la quitter quand elle m'a confié :

— Merci, docteur. Tout ce dont j'ai besoin, c'est de sortir d'ici.

J'ai quitté la chambre très fier de moi. Quel toubib formidable je ferai !

Trois heures plus tard, on m'a appelé d'urgence.

— Qui est-ce ? ai-je demandé à l'infirmière.

— Je n'en sais rien, je ne fais que transmettre, mais vous feriez bien de vous dépêcher.

Tout en me précipitant vers l'étage où j'avais examiné ma patiente, je tentais de me rassurer. Non, c'était impossible ! Il y avait, à ce niveau, tant de malades plus âgés, plus sérieusement atteints que cette femme. La vieille dame de quatre-vingt-cinq ans, avec son cancer des poumons ? Le frêle diabétique qui venait de faire une crise cardiaque ?

Je me suis précipité vers le bureau des infirmières où une aide-soignante m'a indiqué la direction opposée. Il s'agissait de quelqu'un d'autre, ai-je pensé avec un soulagement un peu pervers. Laissant l'aide-soignante loin derrière moi, j'ai pris l'angle du couloir tel un bolide. Avec une agilité de footballeur esquivant les plaquages à l'arrière des lignes adverses, j'ai évité de peu l'électrocardiographe et le chariot diététique chargé de plateaux vides. L'ultime obstacle franchi, j'ai aperçu, au fond du couloir, un corps étendu sur le sol. J'ai dû ralentir l'allure tant mon cœur cognait dans ma poitrine.

Recroquevillée en position fœtale, elle était tournée vers le mur. Je ne voyais pas son visage, mais j'ai reconnu ses longs cheveux blonds. Aucun doute n'était permis, c'était elle. Je restai cloué par la stupeur.

— Faut-il appeler la réa, docteur ? a-t-on crié.

Judy, infirmière chevronnée, fonçait vers moi en traînant derrière elle une bouteille d'oxygène. Sous le choc, j'étais sans réaction.

— Docteur !

J'ai enfin retrouvé mes esprits.

— Que s'est-il passé ?

Judy m'a fébrilement mis au courant.

— Nous lui avons conseillé une petite promenade, histoire de la faire bouger un peu avant la sortie. Et là, subitement, elle s'est effondrée. Quand je l'ai trouvée, elle respirait très mal.

J'ai laissé l'infirmière débiter à toute allure la liste des paramètres vitaux, tout en m'agenouillant auprès de la jeune femme que j'ai tournée vers moi. Blême, les yeux noyés de larmes, elle était si oppressée qu'elle ne parvenait plus à gonfler ses poumons. En me penchant vers elle, j'ai lu dans son regard une frayeur, un sentiment de trahison et des reproches qui resteront à jamais gravés dans ma mémoire. La patiente haletait.

— Je n'arrive plus à respirer.

J'ai regardé Judy et lui ai demandé d'appeler

l'équipe de réa avant de rassurer la malade, mais le timbre de ma voix trahissait la panique.

— Allons, ça va aller. Les renforts seront bientôt là.

La jeune femme sanglotait quand j'ai passé mes bras sous ses aisselles et l'ai redressée contre le mur pour lui donner de l'oxygène. Je m'étais laissé glisser auprès d'elle et, dans un premier temps, elle a semblé un peu mieux, retrouvant des couleurs, respirant plus facilement. Durant plusieurs secondes, ma tension s'est relâchée. On allait s'en sortir !

J'ai même réussi à esquisser un sourire.

— Tout va bien se passer.

J'entendais derrière moi charger la cavalerie.

— Les voilà, je vous l'avais dit !

La jeune femme a levé vers moi un regard sans expression, puis s'est effondrée en roulant des yeux blancs. Dans une effroyable cacophonie, j'ai lancé le massage cardiaque, mais bientôt, à bout de souffle, j'ai dû céder ma place à un collègue. Ordres lancés par les médecins, infirmières courant chercher le nécessaire, je suis resté là face au chaos typique en ce genre de circonstances.

Pourquoi n'avais-je pas tenu compte des angoisses de la patiente et demandé des examens complémentaires ? Pourquoi ne pas être resté auprès d'elle ? Au bout d'une demi-heure, nous avons dû renoncer et j'ai déclaré morte une femme qui, deux ou trois heures auparavant, m'avait annoncé qu'elle allait mourir. L'examen était parfaitement normal, mais la malade, elle, savait.

Comment ?

L'autopsie pratiquée quelques jours plus tard devait révéler une anomalie sanguine rarissime qui lui avait été fatale. En fin de compte, il y avait une explication scientifique à ce décès. Oui, mais le rêve, comment l'expliquer ?

Par la suite, j'ai souvent été témoin de faits mystérieux. Je revois encore cet homme criblé de métastases qui avait vu disparaître son cancer après avoir refusé tout traitement agressif. En toute logique, il aurait dû mourir... Il y eut aussi ce patient qui tenait absolument à ce qu'on l'hospitalise sous prétexte que « quelque chose n'allait pas », en dépit d'analyses prouvant le contraire. On le croyait fou et nous avons tout fait pour nous débarrasser de lui. D'ailleurs, il s'était vu prescrire un examen psychiatrique. Au bout de quarante-huit heures, le moniteur cardiaque a fini par déceler la sévère arythmie responsable de ses troubles. Comme ma jeune patiente, cet homme avait vu juste ; eût-il écouté les experts, sans doute ne serait-il plus là.

Enfin, j'entends encore cette vieille femme m'annoncer, l'air de rien, le 31 décembre 1999, que son objectif était atteint. Elle avait vécu le changement de siècle.

— Docteur, je ne serai plus là ce soir.

Pas d'infection ni de faiblesse cardiaque susceptibles d'entraîner une fin brutale. Aucune analyse ne justifiait une telle certitude. Cette dame était prête à s'en aller. Elle est donc entrée à l'hôpital où elle est morte quelques heures plus tard sans que personne ne sache pourquoi.

Notre profession a largement bénéficié des avancées scientifiques, mais nous ne faisons encore qu'effleurer la surface des choses. Il reste tant d'énigmes médicales à résoudre ! Certaines personnes auraient-elles une sorte de prescience, leur heure étant venue ? C'est possible. Certains chats ont également cette faculté.

13

« Un chat a bien trop d'esprit pour être dépourvu de cœur. »
Ernest Menault

On venait de me remettre le dossier de la dernière entrée. À quatre-vingt-dix ans, Mrs Arella Matos, touchée par la maladie d'Alzheimer, était arrivée à Steere House précédée d'une liste interminable de diagnostics et de prescriptions donnant à redouter que nos relations seraient de courte durée.

Je me suis retrouvé devant trois enfants angoissées, blotties l'une contre l'autre, comme en prière. Respirant péniblement dans son demi-sommeil, leur mère paraissait mal en point. Sur l'autre lit, un petit garçon jouait avec deux petits bonshommes qu'il tenait dans chaque main.

— Bonjour ! Docteur Dosa.

J'ai profité des présentations pour observer Gabriella, Ana et Caterina. Joie, angoisse, excitation... c'est fou ce que révèle un visage, surtout les yeux, qui ne dissimulent quasiment rien. J'ignorais si elles étaient parvenues à l'acceptation, mais ces filles dévouées savaient que leur mère était au terme du voyage. Les regards trahissaient une profonde tristesse.

— Qui est ce petit garçon ?

L'enfant de cinq ans, guère plus, me rappelait mon petit Ethan. Gabriella, probablement l'aînée, a répondu :

— C'est mon fils, Freddy.

Je me suis approché pour m'asseoir auprès de lui.

— Salut, Freddy. Je suis le docteur Dosa. Quel âge as-tu ?

Freddy a levé les doigts d'une main pour m'indiquer qu'il avait bien cinq ans, puis m'a montré ses petits bonshommes.

— Lui, c'est Spiderman. Et là, c'est Superman.

— Ils sont là pour nous aider à soigner ta grand-mère ?

Après avoir acquiescé, Freddy est retourné à son monde imaginaire où les deux protagonistes ont recommencé à s'affronter dans un simulacre de combat.

— Parlez-moi un peu de votre mère, ai-je demandé aux filles de Mrs Matos.

Gabriella s'est lancée la première :

— Docteur, c'est affreux ! Maman a toujours dit...

Comme la voix était pratiquement inaudible, j'ai dû m'approcher.

Caterina a pris le relais :

— Ce n'était plus possible, nous ne pouvions plus veiller sur elle.

Sans doute ces trois femmes avaient-elles eu le sentiment de trahir leur mère en s'opposant à sa volonté. L'état de Mrs Matos, manifestement très sérieux, était là pour me rappeler que les circonstances ne permettent pas toujours d'accéder aux désirs d'un parent.

L'aide-soignante chargée d'évaluer l'état de la malade lors de chaque admission est arrivée et j'ai proposé aux trois sœurs de passer dans le salon réservé aux familles. Ana, la cadette, s'est lancée dans une longue explication.

— Maman tenait tant à son indépendance ! Comme elle vivait seule, nous n'avons rien vu venir. Ensuite, il était trop tard. Il y a trois ans, nous sommes allées la voir en République dominicaine, Caterina et moi. Nous avons trouvé l'appartement dans un état épouvantable. Il y avait des journaux partout, de la vaisselle sale dans l'évier, et ses vêtements étaient répugnants.

Revivant, elle aussi, ces pénibles moments, Ana a cherché le regard de sa sœur.

— Docteur, nous avons dû sortir et, dans la rue, nous avons fondu en larmes. Maman était si fière de son intérieur ! Pas moyen de poser une tasse sur une table sans qu'elle se lève pour la rincer. Que faire ? Comme il était exclu de la laisser dans cet état, nous avons décidé de la ramener avec nous aux États-Unis. C'était il y a deux ans. Depuis, nous avons fait de notre mieux pour veiller sur elle mais...

Incapable de poursuivre, Ana a porté ses mains à son front.

Gabriella a repris le fil du récit.

— En arrivant à Rhode Island, maman a sombré dans la confusion. Elle ne parlait pas très bien anglais, ce qui n'a pas facilité les choses. Elle ne savait plus vraiment où elle habitait, se levait la nuit pour errer dans les rues. Un soir, il a fallu appeler la police pour la retrouver. Vous vous levez pour découvrir que votre mère a disparu en pleine nuit... Imaginez notre angoisse... L'année dernière, elle est tombée dans l'escalier en sortant de chez ma sœur. Dieu merci, comme elle n'était pas blessée, elle est rentrée à la maison après un bref passage aux urgences. Pas le moindre conseil, personne ne nous a suggéré de nous faire aider.

Caterina est intervenue :

— Plusieurs semaines plus tard, ma mère a cessé de s'alimenter et une pneumonie s'est déclarée. Nous nous sommes adressées à notre généraliste qui, cette fois encore, nous a renvoyées chez nous. Selon lui, maman était déprimée. Il lui a donc prescrit un médicament, ainsi qu'un antibiotique pour sa pneumonie. Des pilules, rien d'autre. Ne sachant plus à quel saint nous vouer, nous avons décidé de dormir auprès d'elle, au cas où elle se lèverait en pleine nuit. Nous étions à bout. Enfin, voici quelques mois, elle a cessé de marcher et j'ai demandé au médecin des séances de kinésithérapie pour tâcher de faire face. Dès qu'elle a vu maman, la kiné nous a demandé pourquoi nous n'avions pas pensé aux soins palliatifs. Vous imaginez le choc ! Ce soir-là, je me souviens d'avoir appelé ma sœur, ne comprenant pas pourquoi cette femme avait mentionné ce genre de chose. Ça peut paraître idiot mais, très franchement, nous n'avons pas compris que maman était mourante. Le lendemain, j'ai appelé le médecin pour lui demander son avis et, je vous le donne en mille... il n'y avait pas pensé !

Le stress et la colère des derniers mois avaient laissé des traces.

— Si seulement les médecins pouvaient vous dire que les services de soins palliatifs ne sont pas réservés aux cancéreux en phase terminale ! a conclu Gabriella. Dès que vous prononcez le mot fatidique, on vous répond : « Ah ! c'est la fin ! Le cancer va l'emporter. » Bon sang, ce n'est pas le cancer qui est en train de tuer ma mère, c'est la démence sénile !

Le plus tragique, dans cette histoire, c'est que ces pauvres femmes n'avaient découvert l'existence de soins palliatifs qu'à la faveur d'une remarque fortuite. J'étais infiniment navré pour elles. Nombreux sont les médecins qui n'envisagent cette solution qu'en dernier recours, ignorant de quoi il retourne. Il ne s'agit pas seulement d'une perfusion de morphine à l'ultime instant. Dans certains cas, ces soins sont indispensables. Dans l'agonie, il s'agit d'un soutien non négligeable. Certes, les soignants sont là pour expliquer le processus physiologique, mais ils font bien davantage. Tant sur un plan pratique qu'affectif, leur rôle consiste à guider ceux qui restent, et souvent à permettre aux patients de mourir chez eux en bénéficiant de soins et d'une assistance médicale assurant leur bien-être. En fait, ce genre de service parvient parfois à prolonger une vie.

— Je suis navré que vous ayez eu à endurer un tel calvaire. Je souhaite que votre mère puisse s'en aller paisiblement.

S'exprimant au nom de ses sœurs, Gabriella a tenu à préciser :

— Nous voulions garder maman avec nous, croyez-le, docteur.

Si elles avaient su... J'étais bien placé pour les comprendre. En les écoutant décrire l'intérieur de Mrs Matos, j'ai revécu ma dernière visite chez ma belle-mère. Mon épouse et moi avons compris ce que nous réserve l'avenir. En découvrant le calvaire des sœurs Matos, j'étais atterré à la perspective de ce qui nous attendait.

— Allons, il faut voir le bon côté des choses. Votre mère est chez nous et vous êtes auprès d'elle. C'est tout ce qui compte.

*

L'infirmière venue évaluer l'état de Mrs Matos n'était pas seule. La silhouette perchée au-dessus du lit et qui se reflétait sur la vitre sombre était indubitablement celle d'un chat. Sans un regard pour nous, Oscar ne s'est intéressé qu'à sa patiente. Il a tourné sur lui-même, fait un second tour, puis un troisième avant de s'installer, la tête sur les pattes. De toute évidence, il comptait rester.

La présence de l'animal n'avait pas échappé à Freddy.

— Regarde, maman ! Un chat.

Je me suis tourné vers le petit garçon dont le visage avait fini par s'animer. Ses yeux brillaient d'excitation.

— C'est Oscar.

— Il habite ici ? m'a demandé l'enfant en s'avançant pour mieux voir.

— Oui, Oscar vit à cet étage, avec les malades.

— Qu'est-ce qu'il fait ?

— Oh ! ce que font les chats ! Mais je crois qu'il veille un peu sur tout le monde.

— Il va s'occuper de grand-mère tant qu'elle sera ici ?

— Mais oui, Freddy. Tu trouves ça bien ?

Freddy a réfléchi un instant avant d'acquiescer d'un air solennel.

Un gamin de cinq ans comprend-il vraiment ? En voyant sa grand-mère, Freddy avait-il deviné quelle serait l'issue ? Probablement pas. Mon propre fils commençait à peine à appréhender la notion de mort. Cet échange avec Freddy m'a rappelé une récente conversation avec Ethan, alors que je le bordais dans son lit.

— Papa, m'a-t-il demandé. Quand je serai mort, j'irai à l'université ?

Freddy paraissait néanmoins soulagé par l'idée qu'un chat puisse assister sa grand-mère. Il a tendu la main vers Oscar et j'ai frémi en voyant l'animal flairer l'enfant. Mais sans s'offusquer le moins du monde, la bête s'est laissé caresser, paraissant même apprécier.

Décidément, je pense que je ne comprendrai jamais les chats !

Ayant accompli sa tâche, l'infirmière s'est présentée aux filles de Mrs Matos et j'en ai profité pour prendre congé. Nous avions peu de chances de nous revoir, je le savais.

J'allais m'éclipser pour m'attaquer à la paperasse, quand j'ai entendu derrière moi :

— Docteur !

Je me suis retourné.

— Merci de nous avoir consacré un peu de votre temps, mais j'aurais encore une question. Notre sœur Maria, qui vit en Californie, a sacrifié tous ses congés pour prendre soin de maman. Faut-il lui dire de venir, à votre avis ?

J'ai laissé mon regard filer vers la chambre, vers la silhouette du chat tranquillement installé sur le lit, auprès du nouvel ami qui le comblait de caresses, et j'ai répondu sans l'ombre d'une hésitation :

— Oui. Il vaudrait mieux que vous soyez là toutes les quatre.

14

« Un chien a un maître, un chat des domestiques. »

Anonyme

Dans ses fonctions de guetteur, Oscar atteignait un pourcentage de réussite étonnant.

Peu après le décès de Mrs Matos, j'ai demandé à Mary :

— Selon vous, qu'arriverait-il si deux patients s'avisaient de partir en même temps ?

— Mais cela s'est déjà produit !

Nous nous trouvions dans son bureau et il régnait un calme absolu dans le service.

— Deux malades s'apprêtaient à nous quitter et il était impossible de dire qui partirait le premier, mais l'un des deux ne souffrait pas. Vous souvenez-vous de Larry Scheer, votre patient ?

Comme j'acquiesçai, Mary a repris :

— Bref, Larry était sous traitement palliatif et tout était pour le mieux, mais ce monsieur, à l'autre bout du service, passait un mauvais quart d'heure. Il n'arrivait plus à respirer et n'avait aucun soulagement à espérer. Or, c'est lui que notre Oscar a choisi d'assister !

— Comme s'il avait réalisé qui souffrait le plus.

— Comprenant le calvaire de sa pauvre femme, j'ai voulu l'aider, mais elle semblait accepter. Elle m'a répondu qu'Oscar était auprès de son mari et que tout se passerait bien, pour lui comme pour elle.

— Ainsi, Oscar serait-il parvenu à faire oublier quelque peu cette navrante situation.

— J'en ai l'impression, est convenue Mary en souriant. Je pense même que cette dame a sorti son appareil pour le prendre en photo.

Un souvenir agréable était donc venu adoucir la terrible épreuve et, curieusement, cette idée était rassurante.

En inspectant le hall pour trouver ce fameux chat, j'ai vu Maya pelotonnée sous le comptoir d'accueil. Mais d'Oscar, nulle trace.

— Au fait, où est-il passé ?

— On dirait qu'il a disparu. Il a passé la nuit auprès d'un patient suivi par un de vos collègues, et il a dû filer se cacher. C'est toujours la même histoire, on dirait qu'il hiberne.

— L'avez-vous vu manger pendant le service ?

— Ça dépend, mais il ne traîne pas. Oh, non ! Il s'éclipse un instant, attrape quelques miettes et retourne auprès de son patient. Exactement comme s'il était de garde.

J'imaginais aisément notre chat endormi dans quelque recoin, dans un placard ou sous un lit.

— Qu'en pensez-vous, Mary ? Pourquoi fait-il ça ?

— N'est-ce pas précisément l'énigme que vous deviez résoudre en allant voir les proches ?

— En un sens, oui, mais « Plus on creuse, plus il faut creuser », dit-on. Je serais curieux de connaître votre opinion.

Songeuse, Mary s'était calée sur son siège.

— Oscar est mon enfant, vous savez. Je lui donnais son eau glacée, le matin, et il s'est très vite attaché à moi.

— Bon sang, c'est fou ce que ces chats sont gâtés ! Moi, je n'ai jamais eu personne pour me servir de l'eau glacée.

Un instant amusée, Mary a vite recouvré son sérieux.

— Si vous aviez eu des compagnons à poil, vous sauriez que, si quelque chose ne va pas, l'animal reste souvent auprès de vous.

J'ai évoqué le souvenir de Jolly, le caniche nain de mon enfance qui me veillait lorsque j'étais malade.

— Ce n'est pas pareil, ce chien était de la famille.

— Mais que croyez-vous ? Steere House est le foyer d'Oscar ! Ce chat a sous son toit une famille de quarante personnes. Si quelqu'un a des soucis, il ne le quitte plus.

Je n'ai pas répondu. Seul à assumer la lourde charge des quarante et un pensionnaires du troisième... rien d'étonnant à ce que ce chat soit épuisé !

Mary est passée à tout autre chose :

— Et maintenant, qui comptez-vous voir ?

— Je n'en sais rien. J'ai bien quelques noms sur ma liste, à commencer par Mrs Scheer, si je suis vos conseils. Je dois également reprendre contact avec Jack McCullough.

Nous avons été interrompus par le grésillement de la sonnette d'appel.

— Que puis-je pour vous ?

Le timbre inimitable de Frank Rubinstein a résonné dans l'Interphone.

— Mary, j'ai besoin de vous ! Pourriez-vous passer voir ma femme ?

Plus question de bavarder.

— Il est temps d'y retourner ! m'a lancé ma collègue avant de disparaître dans le couloir.

J'ai sorti le dossier de Ruth Rubinstein, qui nous revenait suite à une hospitalisation pour un nouvel épisode de pneumonie.

Si l'infection avait été rapidement jugulée, la vieille dame n'avait pas supporté de changer de cadre. Elle était perturbée et ne mangeait plus. Le delirium et l'état d'agitation dans lequel elle se trouvait avaient nécessité de puissants sédatifs. Ainsi qu'une surveillance individuelle afin de prévenir les chutes, puisque Ruth se levait en pleine nuit.

Je parcourais rapidement les comptes-rendus d'hospitalisation lorsque j'ai eu l'impression de ne plus être seul. Surgi de nulle part, Oscar se tenait à mes pieds et me lançait un regard noir.

— Eh bien, quoi ? Ne viens pas me dire que je suis encore dans tes pattes !

Le chat s'est mis à protester, d'abord avec un petit miaulement, très vite plus vigoureux.

— Vous l'empêchez de passer, m'a reproché Mary en pouffant.

Montrant le bol d'eau, sous le comptoir, elle a cru bon de préciser :

— Vos pieds le gênent.

— Mille excuses, Votre Seigneurie, ai-je dit en me levant.

Circonspect, Oscar a attendu que je me sois éloigné pour s'avancer prudemment vers l'extrémité du comptoir d'accueil.

— Non mais, c'est incroyable !

— Il est ici chez lui, David. Estimez-vous heureux qu'il vous laisse travailler de temps à autre.

Voilà maintenant que nous empiétions sur le domaine d'Oscar... C'était le dernier mantra, mais Mary a eu tôt fait de me ramener à la réalité.

— Frank a demandé à vous voir.

Face à ma mine perplexe, elle a toutefois ajouté :

— Ruth est si perturbée qu'elle n'a rien mangé depuis son retour. Nous avons bien essayé de lui faire prendre un peu de nourriture, mais elle refuse d'avaler quoi que ce soit. Frank est venu cinq ou six fois me demander comment faire, et j'ai fini par lui répondre que sa femme mangerait quand elle serait prête. Pour le rassurer, je lui ai tout de même expliqué qu'elle était soutenue par la solution de glucose en perfusion.

— Comment a-t-il réagi ?

— J'ai cru qu'il allait m'arracher les yeux, puis il a filé en grommelant que je voulais tuer son épouse.

Pour les proches, il n'est pas facile de voir un être cher refuser de manger. Dans l'esprit des gens, cette fonction vitale est un baromètre qui permet d'évaluer l'état d'un patient. L'appétit varie chez tout un chacun, mais qu'importe...

— Là, que voulait-il ?

En me rendant chez Ruth, j'ai croisé Louise, endormie dans un fauteuil, son déambulateur soigneusement rangé auprès d'elle. Très soignée, comme à son habitude, ses cheveux blancs savamment ondulés et son chemisier blanc cassé parfaitement assorti à la jupe qui lui couvrait pudiquement les genoux, elle avait l'air serein d'une fidèle assoupie en méditant sur le salut de son âme. Une fois encore, ce tableau me laissait perplexe. De quoi Louise pouvait-elle bien rêver ?

Vaste question ! Nos patients rêvent-ils encore ? Leurs rêves sont-ils aussi fébriles et confus que l'est leur personnalité ? Loin du chaos dans lequel ils semblent perdus, trouvent-ils un certain répit dans leurs songes ? À moins qu'ils n'ajoutent encore à la confusion ? De nombreux scientifiques ont émis l'hypothèse que le rêve était essentiel au processus d'apprentissage, le cerveau ne disposant que de cet outil pour classer, traiter les souvenirs, voire les archiver afin de les retrouver ensuite. Qu'en est-il de patients dont la mémoire est défaillante ? Et que dire des traitements ? Aux stades précoces de la démence, ils tendent à augmenter le taux d'acétylcholine intracérébrale, générant parfois des rêves très profonds, perturbants. Toutefois, aux stades ultérieurs de la maladie, les patients ne racontent plus leurs rêves. Peut-être ceux-ci n'ont-ils plus la même importance ? À moins qu'ils ne soient plus mémorisés ? En la regardant ronfler gentiment, je gardais l'espoir d'une Louise sereine, retrouvant au pays des songes ses souvenirs perdus.

Rêvait-elle de son époux, le séduisant aviateur en uniforme, toujours prêt à partir ou rentrant de mission ? J'essayais de me représenter la vie de cette femme quand l'homme qu'elle aimait partait au combat. La peur et la solitude. Rêvait-elle aujourd'hui du retour au pays ? Peut-être revivait-elle l'immense bonheur de voir revenir sain et sauf un officier prêt à reprendre une vie de couple interrompue par les accidents de l'histoire ? C'était infiniment navrant... certains souvenirs ne devraient pas s'effacer. Les retrouve-t-on en songe ?

*

Paupières closes, Ruth s'agitait dans son lit où elle se retournait sans cesse. Contrairement à Louise, elle ne semblait pas sous l'emprise d'un rêve merveilleux. Après avoir poussé la porte, j'ai frappé pour signaler ma présence. Ma patiente, réveillée en sursaut, a ouvert les yeux. Frank, qui somnolait près d'elle, s'est brusquement redressé.

— Ah ! docteur ! Je suis bien content de vous voir.

Il semblait très inquiet.

— Comment va-t-elle ? ai-je demandé en m'approchant de la malade.

— Pas bien, docteur. Je ne la reconnais plus. Et je ne comprends pas comment on a pu la laisser sortir de l'hôpital. Elle est totalement perturbée !

J'ai approché une chaise pour m'asseoir auprès du vieil homme.

— Votre épouse délire, Mr Rubinstein.

— Qu'est-ce que ça veut dire ? C'est encore cette pneumonie ?

— Non, le traitement a dû agir, mais dans ce genre d'infection il arrive que les vieillards sombrent dans un état de confusion profonde appelé delirium. L'attention, la concentration diminuent, d'où l'agitation.

Face au regard sans expression de Frank, j'ai tenté une autre approche.

— Ruth est comme un jeune enfant en proie à une forte fièvre qui croit voir des araignées sur le mur. À la moindre infection jadis bénigne, les troubles de mémoire engendrent chez les personnes âgées un état de confusion. Une fois l'infection jugulée, cet état peut se prolonger.

— Peut-on espérer une amélioration ? a demandé Frank.

— Bien sûr, mais cela prendra quelques jours, voire plusieurs semaines.

— Enfin, docteur, elle ne mange plus !

Un faible gémissement s'étant fait entendre, j'ai profité de l'occasion pour examiner la malade, mais à peine avais-je posé le stéthoscope sur sa poitrine que Ruth s'est redressée pour violemment me repousser. Prompt comme l'éclair, Frank s'est agenouillé auprès du lit et s'est emparé de la main de son épouse, qu'il a anxieusement serrée sur sa poitrine.

— C'est le docteur, Ruth. Il est là pour t'aider.

J'étais navré car je ne pouvais rien pour eux sinon juguler l'infection. Certes, la médecine moderne était capable de prouesses, mais là, il fallait laisser faire le temps... pour autant qu'à ce stade il y ait encore un espoir.

Apaisée par la voix rassurante de son mari, Ruth est retombée sur l'oreiller et j'ai pu l'examiner.

— Elle ne mange pas, docteur. Comment lui faire avaler quelque chose ?

— Je doute que ce soit possible en ce moment.

Exaspéré, Frank m'a foudroyé du regard.

— Mais si elle ne se nourrit pas, elle va mourir ! C'est ça que vous voulez ?

— Voyons, Frank ! Qui irait souhaiter une chose pareille ?

— Comment voulez-vous qu'elle aille mieux si elle ne s'alimente pas ?

•

J'ai pris le temps de m'asseoir pour soigneusement peser mes mots.

— Écoutez, Frank, perturbée comme l'est Ruth, nous faisons pour le mieux. Le personnel a la patience de la faire manger à chaque repas, et je suis persuadé qu'elle garde un peu de nourriture. Elle est soutenue par la perfusion, celle-ci lui évitant également de se déshydrater. Passé cet épisode de delirium, elle recommencera à s'alimenter.

— Pourtant l'infection est guérie !

— Oui, mais il faut attendre que la confusion régresse.

J'avais l'impression de ressasser comme un disque rayé.

Passé son accès de colère, Frank m'a supplié.

— Tout de même, ne pourrait-on pas lui poser une sonde gastrique ?

— Cela ne changerait pas grand-chose, l'issue est inévitable. D'autre part, quand elle était à même d'exprimer des souhaits, votre épouse m'a dit refuser l'alimentation artificielle. Ne devons-nous pas tenir compte de sa volonté ?

Heureusement, nous avions abordé ce problème dans les premiers temps de la maladie, quand Ruth était encore capable d'envisager son propre avenir et de faire connaître son opinion. De toutes les questions faisant débat, celle de l'alimentation artificielle est la plus sensible. « Faut-il poser une sonde gastrique à un patient dénutri ? » J'ai connu des proches littéralement déchirés par ce dilemme.

La controverse repose sur une méprise : ces sondes gastriques censées prolonger la vie ne servent strictement à rien, au stade ultime de la démence. Il n'a jamais été démontré que ces dispositifs aient prolongé la vie d'un patient ou réduit les épisodes de pneumonie, d'autant qu'ils ne sont pas dénués d'effets secondaires. D'autre part, leur pose requérant un acte chirurgical ou endoscopique, il arrive souvent qu'ils glissent, d'où un passage obligatoire aux urgences, sans compter les risques d'infection ou d'obstruction.

Une autre croyance fort répandue suscite l'interrogation. Ne plus nourrir un patient est considéré comme le summum de la cruauté, un châtiment monstrueux revenant à priver de nourriture un animal de compagnie ou un prisonnier. En toute logique, lorsque le corps se prépare à la mort, l'arrêt progressif des fonctions vitales s'accompagne d'un amaigrissement. À ce stade de la maladie, le patient n'a pas la même perception de la faim ou de la soif qu'un être en pleine santé, mais il n'est pas simple de faire entendre cette vérité aux proches. Tout est tellement plus facile lorsque le patient s'est exprimé à un moment plus opportun.

Frank m'a regardé d'un air coupable.

— C'est vrai, docteur, Ruth ne voulait pas de sonde, mais il faut bien qu'elle mange. Sinon, comment pourrait-elle mieux aller ?

Le regard du vieil homme s'est voilé. Puis,

d'un revers de manche, Frank a chassé les larmes ruisselant sur ses joues.

— Avec un peu de chance, votre femme recommencera très vite à s'alimenter. En attendant, la perfusion la soutient. Allons, ne désespérez pas.

— Et si ça ne marche pas ? a insisté Frank, cédant précisément au désespoir.

Incapable de trouver le terme qui réconforte, je n'ai pas répondu. Mais mon air devait en dire long, aussi Frank a-t-il éclaté en sanglots.

Je suis allé chercher les mouchoirs en papier avant de revenir vers le vieil homme.

— Docteur, je ne suis pas prêt, m'a-t-il enfin avoué.

— Je sais combien vous aimez Ruth mais, dans ces maladies, l'issue est hélas ! inévitable.

J'ai pris Frank par l'épaule et il a levé vers moi des yeux brillants de larmes. Les mots étaient inutiles.

15

« N'y aurait-il qu'une seule tache de soleil sur le sol, un chat saura la trouver et s'en repaître. »

J.A. McIntosh

Le matin, il m'arrive de brancher le pilote automatique. À peine ai-je posé le pied au sol que je me précipite sous la douche et m'habille sans penser à ce que je fais. J'en profite pour vérifier mon emploi du temps et calculer si j'ai le temps de déjeuner, où je dois me rendre et ce qui m'attend ce jour-là. Sachant que mon corps fera ce qu'on attend de lui, je ne suis sûrement pas le seul à compter sur la force de l'habitude et à laisser mon esprit vagabonder en tirant des plans sur la comète.

En regardant mes enfants qui apprenaient à marcher, à prendre leur bain et à manger seuls, j'ai souvent pensé que ça n'avait rien de simple. Marcher, ce n'est pas seulement le premier pas. On commence par de sacrées chutes, puis vient l'immense joie de ramper et d'agripper un pied de chaise. Il en résulte une longue suite de coups et de bleus, jusqu'à ce premier pas triomphal qui change votre existence. Puis, plus rien ne vous arrête.

Après avoir sacrifié plusieurs années aux apprentissages fondamentaux, on passe à autre chose sans un regard en arrière. On trouve normal d'être autonome. C'est un dû que l'on ne songerait aucunement à remettre en question, à moins qu'un problème de santé ne vienne vous priver de ces acquis de base, vous ou vos proches. Quand on parle de démence, le terme « acquis » n'est-il pas à rayer du vocabulaire ? Face à un patient contraint de renoncer aux fonctions les plus simples, les plus essentielles, on comprend vite ce que « donner un bain » veut dire. Quand le malade, totalement passif, pèse quatre-vingt-quinze kilos, il s'agit d'une véritable épreuve. Il est alors souvent impossible d'amener quelqu'un aux toilettes sans aucune aide. Quelle patience faut-il pour faire manger un proche ayant perdu tout appétit ou ne sachant plus se servir d'une cuillère !

C'est au moment où le malade commence à perdre son autonomie que l'on se trouve confronté aux failles du système de santé. Certains s'adressent à de puissantes organisations comme l'Association Alzheimer, d'autres demandent l'aide de parents ou d'amis ayant vécu la même situation. On se tourne vers qui on peut pour trouver information et soutien, mais le médecin se révèle rarement d'un grand secours.

Notre système de santé est hélas ! conçu pour poser des diagnostics et mettre en œuvre des traitements. Étudiants, jeunes médecins, nous apprenons à identifier les symptômes anormaux, à mettre un nom sur une pathologie, classée ensuite dans une catégorie, puis à proposer des thérapies en fonction du diagnostic. Fort bien, mais que fait-on quand il n'existe ni remède ni technique chirurgicale appropriés ? Lorsqu'il n'existe aucun traitement ?

*

— Comment voyais-je l'issue ?

Le regard embué par les larmes, Joan Scheer lissait ses cheveux d'une main nerveuse.

Des larmes, j'en avais fait couler depuis que je m'étais lancé dans cette tournée de visites ! Certes, ma démarche se voulait rédemptrice, voire salutaire pour les familles. Piètre réconfort...

— Je m'imaginais sans doute que mon mari poursuivrait son bonhomme de chemin.

La fille de Joan a tendu un mouchoir en papier à sa mère.

— Je savais qu'il était atteint de démence, mais je pensais que la vie suivrait son cours, que je l'emmènerais chaque matin au Centre d'accueil de jour où il serait pris en charge jusqu'à 16 heures. On rentrerait ensuite à la maison, je le ferais dîner, on regarderait la télé et nous irions nous coucher. Et ainsi jusqu'au jour où il finirait par mourir de vieillesse. J'étais sans doute naïve, mais je n'aurais jamais cru que ça se terminerait ainsi.

À Steere House, la plupart des patients du troisième finissent comme Lawrence Scheer, décédé chez nous au terme d'un long combat contre la maladie, Oscar à ses côtés, fidèle à sa mission. Les dernières années avaient été très éprouvantes. Larry errait dans la maison, surtout la nuit, et il a fini par tomber dans l'escalier. Une fois hospitalisé, il a très vite décliné. Il ne parlait plus, sombrant dans le delirium au point d'arracher son plâtre à trois reprises, à tel point qu'il fallut le sangler dans son lit pour son propre bien. Après être passé d'un établissement à l'autre, il a fini par atterrir à Steere House, et là, l'oubli a lentement fait son œuvre, Larry en est arrivé à ne plus marcher, ne plus manger, ne plus reconnaître les siens, jusqu'à ce que la pneumonie l'emporte.

— J'aurais tout de même préféré savoir ce qui m'attendait.

— Que voulez-vous dire ?

— Il ne s'est pas trouvé un seul médecin pour me parler de la maladie ou des ravages qu'elle opérait.

Joan a souri malgré les larmes.

— Savez-vous comment j'ai découvert quelle était l'espérance de vie de ces patients, une fois le diagnostic posé ?

J'ai fait signe que non.

— C'est mon époux qui me l'a appris !

Face à l'absurdité d'une telle situation, Joan a préféré en rire.

— Un ou deux ans après que le verdict fut tombé, Larry a trouvé sur la table de la salle à manger un ouvrage traitant de la démence. Il m'avait été apporté par ma fille. Quand j'ai vu ce livre ouvert sur ses genoux, je lui ai demandé ce qu'il faisait, et il m'a brutalement asséné qu'il lui restait environ six ans à vivre.

Joan a poursuivi avec un hochement de tête incrédule :

— Horrifiée, j'ai vu Larry lever l'ouvrage et je me suis précipitée pour le lui arracher des mains. Là, il m'a regardée et m'a froidement annoncé qu'en fonction de l'âge auquel le diagnostic avait été posé, il pouvait espérer un répit de sept à neuf ans, or deux s'étaient déjà écoulés.

— Personne n'avait évoqué cette question devant vous ?

Joan s'est calée sur son siège.

— Ah ! les médecins ont toujours été très forts pour coller des étiquettes ! On me disait que Larry présentait une « variante » de la maladie d'Alzheimer, mais aucun n'a pris la peine de me faire asseoir pour m'expliquer : « Votre mari est atteint de démence, voici ce qui l'attend jour après jour, année après année. » Non, on brandissait des radios, on me parlait de « plaques » et d'« agrégats » comme si j'avais fait ma médecine ! Pour moi, c'était du chinois.

Hélas ! c'est un discours que j'entends tous les jours. Je suis pour la transparence, pour ne rien dissimuler aux patients ni aux familles, mais on peut les aider à affronter la situation.

Cherchant à faire passer un message, Joan pesait ses mots en jouant avec sa serviette.

— J'aurais aimé trouver un peu plus de soutien au sein du milieu médical. Il faudrait aider ceux qui partagent l'existence des malades au quotidien.

*

« Le rôle du médecin, tout est là », avait lancé à son auditoire, voici bien longtemps, un de mes professeurs.

Ménageant ses effets, elle avait parcouru l'amphi du regard avant de poursuivre : « Les médecins veulent à tout prix poser un diagnostic, c'est une erreur. Sachez que le nom d'une pathologie importe peu. À nos yeux de praticiens, c'est primordial. D'ailleurs, bon nombre de patients y attachent une certaine valeur, mais je peux vous certifier que ce n'est guère utile. Croyez-vous qu'un malade s'inquiète de savoir s'il est atteint de PSP, d'un Alzheimer, de la maladie de Pick ou d'une démence à corps de Lewy ? »

Je me souviens d'avoir levé les yeux au ciel en voyant une main se dresser au premier rang. C'était toujours le même qui posait des questions...

— C'est important, tout de même ?

— Capital, en effet... pour le médecin. C'est le code qui nous permet de communiquer entre collègues, de définir une pathologie et de commenter un diagnostic. Du point de vue du patient, cela ne revêt vraiment pas la même importance.

— Il me semble toutefois qu'il vaut mieux connaître l'ennemi avant le combat, a enchaîné l'étudiant.

Ce genre de type est convaincu que pour se faire bien voir, il faut défier le maître.

— Très juste. Les malades aiment connaître la cause de leurs souffrances et les handicaps qui s'ensuivront. Une angoisse fondée est toujours préférable à la peur de l'inconnu, seulement il n'est pas essentiel de mettre un nom sur l'affection qui les frappe, il vaut mieux les informer de ses conséquences.

Nouvelle pause du professeur.

— En quoi la maladie va-t-elle affecter leur mode de vie ? Voilà ce qui les inquiète. *Vais-je mourir ? Serai-je capable de marcher et de me suffire à moi-même ? De m'occuper d'un mari, d'une épouse ou des enfants ? Est-ce douloureux ?* Autant de préoccupations majeures.

Naturellement, cette enseignante était dans le vrai. Quand on se fait renverser par une voiture, on se moque bien de savoir quelle est la marque ou le modèle.

— Quand je pense à ma réaction... par moments, j'ai vraiment honte ! m'a avoué Joan. Si seulement j'en avais su un peu plus long !

Comme elle se tournait vers sa fille pour trouver un peu de soutien, Robin est intervenue.

— Ce chemin, on est seul pour le parcourir. Je me demande si, l'une comme l'autre, nous avons été à la hauteur.

— Que voulez-vous dire ?

— Nous n'avons pas su nous y prendre avec papa. Parfois l'agacement était tel que nous manquions de patience. Nous nous emportions pour des bêtises. Tenez, quand il n'a plus été capable d'introduire la clé dans la serrure.

— Ou de boucler sa ceinture ! a renchéri la mère.

— Eh oui ! Chaque fois qu'on montait en voiture, mon père me demandait de lui montrer comment l'attacher, et je devais tout expliquer comme à un petit enfant. Seulement, il n'y arrivait jamais et je me mettais dans des états ! Comment voulez-vous enseigner quoi que ce soit à un être qui « désapprend » tout ? J'aurais dû le comprendre, mais j'étais seule, sans doute comme tous les aidants.

Minée par ses souvenirs et la culpabilité, Robin était bouleversée. Mère et fille avaient tant fait pour Larry ! Ce qui ne les empêchait pas au quotidien de regretter certaines réactions. L'agacement va de pair avec la culpabilité, tout aussi inévitable. Je comprenais parfaitement leur exaspération face à un homme très instruit, désormais incapable de boutonner sa chemise ou d'allumer la télévision. Comment ne pas s'emporter ?

« Ne va pas me dire que tu n'y arrives pas ! C'est à la portée du premier gamin venu. »

Robin a vu juste, cette pathologie s'accompagne d'un processus de « désapprentissage ».

Comme tant d'autres, confrontées à ce genre de situation, elles ont commis l'erreur de vivre avec leurs souvenirs sans tenir compte du malade miné par la démence. Lorsqu'il prend conscience de cela, l'aidant se retrouve seul face à sa culpabilité.

« Si seulement j'avais fait preuve d'un peu plus de patience et de compréhension, me dit-on souvent. Le pauvre, ce n'était pas sa faute ! »

J'ai tenté d'alléger le fardeau de ces deux femmes.

— Bien souvent, on ne sait que faire. Colère, culpabilité et impuissance à se dominer... tous les aidants éprouvent les mêmes sentiments.

Robin a acquiescé en silence, mais je doute qu'elle m'ait entendu. La raison a beau vous souffler qu'il n'y a rien à faire, on se sent toujours coupable.

Je crois encore entendre Donna, un temps responsable de mon secrétariat : « La culpabilité est toujours là, David, elle ne me quittera plus jusqu'à mon dernier souffle. »

Robin a poursuivi son récit :

— Le plus terrible était les visites en gériatrie. Je n'arrivais pas à trouver la bonne attitude. Je savais qu'il n'y avait rien à attendre de ce père qui m'avait élevée. Aucune réciprocité. Comment s'adresser à quelqu'un qui ne répond pas ?

Question de pure forme, à laquelle j'ai néanmoins tenté de répliquer.

— Vous avez fait de votre mieux. S'il n'y avait rien à espérer en retour, l'essentiel était d'être là.

Brusquement, Robin a tendu la main vers son sac, dont elle a sorti un morceau de papier.

— *On a l'impression de fleurir une tombe... le présent appartient au passé.* Voilà ce qui me trottait dans la cervelle quand je sentais monter l'exaspération, cette phrase de *Samedi,* le roman de Ian McEwan.

Au cours de la demi-heure suivante, nous avons évoqué les étapes successives du naufrage de Larry, puis, non sans un brin de culpabilité, je me suis décidé à aborder le but de ma visite. Heureusement, les Scheer ne parurent pas se formaliser quand le nom d'Oscar surgit dans la conversation. Pour la première fois, Joan a même souri.

— Vous savez, m'a confié Robin, nous avons bien cru qu'il avait raté le coche. Papa était à l'agonie et il ne se montrait toujours pas. Rien ! Après avoir entendu parler de ses exploits, nous ne savions que penser. Histoire de passer le temps, maman et moi sommes parties à sa recherche et l'avons trouvé au chevet d'un patient, à l'autre bout du bâtiment. Il a paru très contrarié quand maman lui a fait remarquer qu'il manquait à tous ses devoirs. Nous étions revenues depuis un petit moment quand, brusquement, il a déboulé dans la chambre comme si les douze coups de minuit venaient de sonner.

— Telle Cendrillon fuyant le bal, ai-je ajouté.

— Tout à fait ! s'est exclamée Robin en souriant. Il avait un second patient sur le départ, mais ça, nous ne le savions pas.

— Oscar est resté auprès de cet homme jusqu'à la fin, puis s'est précipité vers nous ! a ajouté Robin, médusée.

Sa mère partageait son étonnement.

— Nous avons réussi à l'attraper, mais il nous a échappé pour foncer droit vers papa, qui devait mourir quelques heures plus tard.

Robin a éclaté de rire.

— Vous ne savez pas le plus drôle ! Environ une heure avant que papa ne s'éteigne, l'infirmière venue l'examiner m'a dit : « Votre père en a encore pour un moment. » Nous nous sommes consultées du regard, avec maman, mais nous n'avions, ni l'une ni l'autre, envie de partir. Bien nous en a pris car Oscar ne s'était pas trompé. Sans son intervention, peut-être aurions-nous suivi ce conseil et manqué les derniers instants.

— Je ne dirais pas que nous nous soyons rangées à l'opinion d'un chat, a repris Joan. Non, mais... son attitude, ma foi... Il paraissait si sûr de lui, si déterminé. Il n'a pas eu le moindre instant d'hésitation.

Robin a parfaitement su résumer la situation.

— Cet être merveilleux nous adressait un signe, nous aurions eu tort de l'ignorer.

*

Ah ! les médecins sont très forts pour coller des étiquettes, mais ce n'est pas ce qui compte ! Mettre un nom sur la maladie ne sert à rien. Que faire ? En quoi votre existence sera-t-elle bouleversée ? Voilà l'important !

Sur le trajet du retour, je ne cessais de penser aux propos de Joan. Il eût été normal d'évoquer l'étrange comportement d'Oscar qui s'était précipité d'un mourant vers l'autre, lors du décès de Larry, mais Joan avait touché une corde sensible. J'ai pensé à mon propre cas, à la difficulté de poser un diagnostic de polyarthrite. Au début, après avoir identifié le mal qui m'avait si brutalement contraint à changer mon mode de vie, j'ai éprouvé un certain soulagement. Connaissant l'ennemi, je pouvais enfin engager les hostilités. D'ailleurs, cela ressemblait fort à un combat, et je comptais bien terrasser l'adversaire... Il me suffisait d'engager toutes mes forces dans la bataille.

Cependant, Joan n'avait pas tort. Qu'importe le nom du mal ! Après tout, ce qui compte, c'est de mener une existence normale, sans freins ni délai. J'ai recensé les concessions imposées par la maladie depuis dix ans. Plus de tennis, ni ski de descente ni basket, mais j'étais capable de me lever le matin. Je n'avais rien perdu de mon autonomie et j'avais encore des doigts pour boutonner ma chemise et attacher mes lacets. Surtout, j'étais en mesure de porter mes enfants pour monter l'escalier, ce à quoi je craignais de devoir renoncer à la naissance de mon aîné. Peut-être cela ne durerait-il pas, mais je remerciais néanmoins le ciel. Pour le moment, je n'en demande pas davantage.

— Tout s'est bien passé ? m'a lancé mon épouse quand je lui ai dit bonsoir.

— Très bien. Joan et sa fille sont très sympas, mais ce n'était pas facile pour elles. Elles aimaient tant Larry.

— Oscar était-il présent, à la fin ?

Je n'ai pu m'empêcher de pouffer.

— Tu sais, je les ai tous pris pour une bande de mabouls quand j'ai appris son existence, mais j'en découvre tous les jours. J'ai aujourd'hui la preuve qu'il était présent lors de chaque décès, ou peu s'en faut. Les familles de patients semblent vraiment l'apprécier.

— Que dirais-tu d'ouvrir une académie de médecine féline, histoire de vous mettre au chômage pour de bon, vous autres médecins ?

J'ai levé les yeux au ciel. Dionne plaisantait, naturellement, mais je connaissais bien cette petite lueur dans son regard. Décidément, la roue avait tourné.

— Hé ! où vas-tu ?

— Je monte prendre une douche.

Dionne a paru surprise, la journée était loin d'être terminée.

— Je sens mes articulations, l'eau chaude me fera du bien.

Mon épouse a haussé les épaules avec fatalisme.

Aujourd'hui, rien ne va de soi, me suis-je dit en

commençant à me dévêtir dans l'intimité de notre chambre. Pour la première fois, depuis l'enfance, je ne pensais qu'aux vêtements retirés, l'un après l'autre. Avec une détermination très zen, j'ai défait les boutons, délacé mes chaussures et me suis dévêtu avant de soigneusement suspendre le tout dans la penderie. J'avais débranché le pilote automatique pour vivre pleinement l'instant, sans penser à rien d'autre.

Sous le jet de la douche, je n'éprouvais que la sensation bienfaisante de l'eau sur mes épaules et mon dos douloureux, ainsi que l'immense gratitude d'y parvenir sans aide.

Un coup frappé à la porte est venu interrompre ces réflexions.

— Tout va bien, David ? m'a demandé ma femme.

— Oui, chérie ! Merci.

Bien sûr ! En fin de compte, ce n'est qu'une question de « rôle ». On doit utiliser les cartes qu'on a reçues.

16

« Qu'y a-t-il de plus beau, un félin en mouvement ou un félin au repos ? »

Elizabeth Hamilton

— Pourriez-vous passer, David ? Je trouve que Saul a une sale mine, je redoute un début de septicémie.

Je me rendais à une réunion professionnelle quand Mary a réussi à me joindre sur le chemin de l'université. Comme ma collègue n'en faisait jamais trop si l'état d'un patient lui paraissait inquiétant, je n'hésitai pas à bouleverser mes plans pour me rendre à Steere House dans l'après-midi.

En arrivant près du bureau des infirmières, j'ai trouvé un homme de haute taille, séduisant, en grande conversation avec Mary.

Je ne le voyais que de dos, mais j'étais certain de l'avoir déjà rencontré. Cela tenait sans doute à son accent.

Vaguement inquiet depuis le coup de fil qui

m'avait ramené vers Steere House, j'ai lancé un bref « Bonjour ! » en sortant en hâte le dossier de Saul. Mais parcourir les résultats des dernières analyses ne m'empêchait pas d'écouter d'une oreille.

— Ma mère serait beaucoup mieux à l'hôpital, disait l'étranger.

Mais oui, bien sûr ! Quelques mois plus tôt, Iris Duncan, sa mère, avait été hospitalisée pour une banale pneumonie. C'était là que nos routes s'étaient croisées. Si la patiente s'était vite remise, j'avais passé un temps fou à discuter du traitement avec son fils qui me harcelait de questions. Quoi de plus naturel quand votre mère est très atteinte et que le mal progresse ? Comment ne pas chercher de réponses ? Toutefois, à la lueur de notre dernière conversation, j'avais constaté que cet homme n'avait pas compris la gravité du mal. Comme nous passions en revue les différentes options thérapeutiques, il ne cessait de négocier, s'accrochant au plus vain espoir.

« Pourquoi ne pas essayer, docteur ? », objectait-il en se référant à une médication ou un procédé qu'il avait déniché sur le Net. J'avais beau lui démontrer en quoi ce genre d'approche était vouée à l'échec, il ne se trouvait jamais à court d'arguments et rien n'avait changé, à en juger par ce que j'entendais.

Mary s'efforçait de lui expliquer :

— Vous savez, George, votre mère ne va pas

bien. Je crains un autre épisode de pneumonie. Or, il est à redouter que la confusion mentale ne s'aggrave. Tenez-vous à ce qu'elle soit hospitalisée ? Est-ce vraiment ce que vous souhaitez ? Nous pouvons la garder ici et la soigner dans un cadre où elle se trouve bien, où tout le monde la connaît.

C'était une proposition sensée et George parut un instant fléchir. Dans l'intérêt de sa mère, ne valait-il pas mieux se ranger à cet avis ?

— Vous êtes bien le docteur Dosa ? m'a-t-il demandé en se tournant vers moi.

— Comment allez-vous, George ?

Dieu merci, j'avais entendu Mary l'appeler par son prénom.

— Je suis content de vous voir, docteur. Est-ce vous qui vous occuperez de maman ?

— Cette semaine, c'est un collègue, mais je connais parfaitement le cas et je peux vous confirmer ce que Mary vient de vous dire, il n'y a aucune amélioration à attendre. Nous voyions souvent votre mère auprès du comptoir d'accueil, toujours prête à vous saluer avec cet adorable accent. Mais, dernièrement, je l'ai trouvée sans ressort. Si vous y tenez, je peux appeler son médecin. Nous sommes parfaitement en mesure de la soigner ici. Ce serait préférable, croyez-moi.

Peine perdue. George ne reviendrait pas sur ses positions, sa décision était prise.

Mary m'a demandé en le regardant s'éloigner :

— Comment se fait-il que vous connaissiez George ?

— Nous nous sommes vus à l'hôpital, voici quelques mois. Je me souviens, nous avons discuté pendant des heures. Il en avait des questions, il voulait tout savoir !

— Oui, il se sent très concerné, a acquiescé Mary en riant. « Comment va ma mère ? Est-ce qu'elle mange ? Dort-elle bien ? » Il m'appelle chaque jour, même lorsqu'il est en déplacement.

Mary a ajouté en soupirant :

— Ah ! quand viendra mon heure, j'aimerais que mes gosses s'inquiètent autant pour moi !

— J'ai essayé de lui parler des soins palliatifs. A-t-on seulement envisagé cette solution ?

— Cet homme n'est vraiment pas prêt, David.

Sa mère, elle, l'était peut-être...

— Qu'est-ce qui ne va pas, cette fois ? ai-je demandé à Mary.

— Oh ! la routine... La radio a révélé des traces de pneumonie, et Iris est perturbée.

— Oscar est-il passé ?

Mary a paru amusée.

— S'il y a quelqu'un qu'il évite, c'est bien Iris. Elle passe son temps à lui courir après et à vouloir lui tirer la queue. Je doute qu'il ait très envie de rester auprès d'elle le jour où elle s'en ira.

— Est-elle toujours en code bleu ?

— Mmm, mmm.

— Je me souviens du jour où j'ai fait sa connaissance, à l'hôpital. Malgré la maladie, son sourire parvenait encore à illuminer la pièce, mais son état s'est terriblement dégradé.

Mary, qui avait dû suivre le même raisonnement, renchérit :

— Les ravages opérés par ce mal me surprendront toujours. J'ai l'impression de la voir, là, devant moi. Quand elle est arrivée au second, en démence sénile, les visiteurs croyaient qu'elle travaillait ici. Elle était d'un raffinement, d'une culture ! Elle est originaire de Saint Kitts, mais je crois savoir que l'université de Columbia lui a offert une bourse d'études.

— Voilà donc d'où elle tient son accent !

— Quand je l'ai connue, elle donnait des leçons d'anglais aux aides-soignantes, a repris Mary. Elle est également pasteur en titre. Je l'ai d'ailleurs entendue évoquer ses convictions religieuses avec une employée.

Un sourire aux lèvres, Mary a repris :

— C'était fou ! Elle était encore capable d'enseigner l'anglais, de réciter des versets et des chapitres entiers de la Bible. Sans doute ne perd-on jamais ses talents de pédagogue.

— Bon, je suis venu voir Saul, ne l'oubliez pas, ai-je rappelé.

— Lui aussi pourrait bien partir pour l'hôpital. Passez l'examiner, vous me direz ce que vous en pensez. Barbara est très inquiète, vous la trouverez auprès de lui.

Sur ces mots, Mary a regagné son bureau en emportant une copie du dossier d'Iris Duncan et je l'ai entendue appeler les brancardiers pour faire transférer la patiente à l'hôpital.

*

J'ai partagé l'inquiétude de Mary au premier coup d'œil. Saul ne se trouvait plus dans son fauteuil relax mais dans son lit, sa fille tenant sa main. J'ai croisé un regard sans vie, sous des paupières qu'il ne parvenait plus à soulever. Mon patient avait sombré dans la plus profonde léthargie.

— Comment va-t-il ?

— Mal, docteur. Mary m'a appelée.

Barbara s'étant écartée, j'ai examiné le malade dont la tension était basse, le pouls filant. J'ai ausculté les poumons avant d'observer les jambes responsables de l'infection, rouges et gonflées. Signe de lésions cellulaires, j'ai également constaté une légère suppuration de lymphe, près du mollet.

— Ça ne va pas du tout, Barbara. L'invasion bactérienne a gagné tout l'organisme et je redoute une septicémie.

Barbara a acquiescé en silence.

— Écoutez, nous ne sommes pas équipés pour le traiter. Faut-il envisager l'hospitalisation ? Il nous faut prendre une décision.

— Faites comme bon vous semble, docteur.

Je ne retrouvais plus la Barbara qui s'opposait catégoriquement à toute interruption de traitement. Je n'avais plus qu'à m'engouffrer dans la brèche pour revoir avec elle les volontés du patient.

— Quand votre père est entré ici, vous avez demandé que tout soit mis en œuvre en cas d'arrêt cardiaque. J'aimerais, si vous le voulez bien, que nous en parlions.

— Si la médecine a les moyens de le garder en vie, il ne faut rien négliger.

— Nous ne sommes pas à la télé, vous savez...

Au regard que m'a lancé Barbara, j'ai compris que je risquais fort de dépasser les bornes.

— Dans les feuilletons, le patient revient toujours à la vie. C'est très différent dans la réalité.

— Je sais, a plutôt fraîchement répliqué Barbara.

— Dans ce genre de cas, il est fort rare que l'on parvienne à récupérer le patient après un arrêt cardiaque. Compte tenu de son âge et de ses antécédents médicaux, je crains que votre père ne reste en réanimation.

— S'il y a une chance de le sauver, pourquoi ne pas utiliser tous les moyens dont nous disposons ?

Le ton de Barbara n'était pas dénué d'agressivité.

— À ce stade, ce ne serait que retarder l'inévitable et prolonger les souffrances. À supposer qu'il soit possible de juguler l'infection, la démence sera toujours là. Ne pourrait-on pas le garder ici et le laisser partir doucement ?

Barbara m'a lancé un regard noir :

— Mon père souhaitait que tout soit mis en œuvre pour le maintenir en vie. N'eût-il qu'une infime chance de s'en sortir, c'est ce qu'il aurait voulu, et je n'ai pas l'intention de m'opposer à sa volonté.

Cette réponse ne me surprenait guère. Je suis un peu comme un voyageur de commerce chargé de vanter les mérites d'un article qui ne plaît pas beaucoup : une approche réaliste de la situation. J'ai été tenté de rappeler à Barbara que le contexte n'était plus le même, mais c'était inutile.

— Je ne tiens pas à en parler maintenant, docteur. Mon père a besoin de soins, il faut l'hospitaliser sans plus attendre.

J'ai quitté la chambre afin de procéder au transfert du malade. Je méditais cet incident en regagnant mon bureau quand, surgi de nulle part, un visiteur a longé le comptoir d'accueil. Oscar s'est avancé vers moi et s'est assis auprès du téléphone sans me quitter des yeux.

— Si tu allais dire deux mots à Barbara ? Toi, tu saurais peut-être la convaincre.

À la façon dont il m'a regardé, j'ai eu la fugace illusion qu'il prenait ma requête en considération. Comme si un chat faisait ce qu'on attend de lui, même s'il a compris ! Mais non, il a roulé sur le flanc pour que je lui gratte le ventre et s'est mis à ronronner quand je me suis exécuté.

— Dis donc, toi, tu n'es qu'un chat, en fin de compte ?

17

« Ceux qui aiment les chats ont souvent très grand cœur. »

Susan Easterly

— À une époque, j'ai voulu écrire, raconter les expériences que nous avions vécues, maman et moi. J'avais même un titre : *Cette dame, là-haut, qui ressemble à ma mère.*

C'est dans le salon de Jack McCullough, dans l'est de la ville, que nous avons évoqué le souvenir de Marion, première patiente d'Oscar.

— J'ai dû apprendre à aimer la personne qu'était devenue maman, m'a confié Jack. Elle ressemblait beaucoup à celle auprès de qui j'ai grandi, mais ce n'était plus le même être.

Jack s'est calé dans son fauteuil avec un sourire rêveur.

Organiser cette rencontre ayant réclamé un certain temps, j'hésitais à appeler cet homme. À la différence des proches interviewés jusque-là, je ne le connaissais pas, mais à en croire les gens, Oscar avait choisi Marion McCullough pour première patiente. À cette époque, en novembre 2005, ce n'était guère qu'un chaton, mais un an plus tard, lors du décès de la tante de Jack, il se trouvait à son chevet. Dans cette famille, il venait donc de réaliser son premier doublé. Qui, mieux que Jack, serait à même de m'éclairer sur les motivations de ce chat ?

« Allons, appelez-le ! », m'avait ordonné Mary en me voyant ruminer et tergiverser.

« Dites-moi, ça ne vous ennuie pas ? J'aurais deux ou trois questions à vous poser sur le chat qui était auprès de votre mère, quand elle est morte. » Ben voyons !

Je dois reconnaître que Mary ne s'était pas trompée, Jack n'avait pas manqué d'empathie.

— Je serais ravi de vous parler d'Oscar et de ce qu'il a représenté pour moi, m'avait-il spontanément répondu.

Avec ses meubles anciens, transmis de génération en génération, cet intérieur d'un autre âge semblait tout droit sorti d'un livre d'Histoire. Recouvertes de neuf, deux bergères à oreilles se faisaient vis-à-vis de part et d'autre de la table basse. Partout, ce n'était que souvenirs de Marion et de sa sœur Barbara.

Dans un angle de la pièce, trônait le portrait d'un matou au poil grisâtre, sans doute un animal familier.

— Votre mère était-elle très « chat » ?

— C'est peu de le dire ! m'a répondu Jack en

pouffant de rire. Ma mère a été élevée dans une ferme du Massachusetts. Toute petite, déjà, elle recueillait les bêtes abandonnées qu'elle nourrissait au biberon. D'ailleurs, dans la famille, on l'appelait « La Mère-Chat ». Les chatons la suivaient partout.

Jack s'est alors penché pour serrer dans ses bras un autre matou au poil gris qui s'était glissé dans le salon, avec l'intention manifeste de prendre la mesure du visiteur.

— Docteur Dosa, je vous présente Bijou, vivant portrait de Mitaines, le chat de mon enfance et sa réincarnation, à n'en pas douter.

Jack m'a montré le tableau du matou, copie conforme du dénommé Bijou qui a détalé à une vitesse effarante aussitôt la terre ferme retrouvée.

— C'est étrange, cette fascination pour les chats. Sans doute se sentaient-ils en sécurité au point de sauter sur les genoux de maman, y compris ceux que personne ne pouvait approcher. À l'époque où j'ai pris Bijou, maman était déjà très malade et vivait dans l'appartement du premier. En rentrant du travail, je cherchais mon chat dans toute la maison et le trouvais là-haut, auprès d'elle. Ça ne ratait pas !

Jack m'a tendu un petit album de photos avant de s'éclipser pour faire du café.

— Peu avant sa mort, j'ai rassemblé ces quelques clichés que nous regardions ensemble.

Luxueux papier, fort bien conçu, c'était un bel objet, fait maison ou provenant d'une boutique spécialisée, sûrement pas du bazar du coin. En admirant ces souvenirs réunis avec amour, j'ai compris l'importance d'un travail qui avait sans doute aidé Jack à appréhender l'essence même de la vie de sa mère et, dans une certaine mesure, à affronter son décès. Cet hommage à l'épreuve du temps lui avait permis de garder de vieux souvenirs parmi les plus heureux. Cruelle ironie du sort, la maladie d'Alzheimer et autres formes de démence apparentées privent leurs victimes de leurs souvenirs, ne laissant du passé que quelques traces fugaces. Devenus adultes, les enfants gardent surtout la mémoire des épisodes les plus récents, et il est difficile de se rappeler le papa qui vous emmenait à la pêche ou la maman qui se penchait sur vos devoirs.

Je continuais de feuilleter l'album, instantanés balisant le parcours de Marion de l'enfance à l'âge adulte jusqu'aux derniers clichés pris à Steere House, peu avant le dénouement. En tournant ces pages, si précieuses aux yeux de son fils, j'ai été frappé par l'imperturbable sérénité de cette femme en toutes circonstances. Bien mise, de très beaux cheveux, suivant la mode, dans les dernières années, Marion n'avait perdu ni son éclat ni sa séduction.

Un cliché a retenu mon attention, celui d'une jeune femme se tenant assez loin de l'objectif, le regard tourné hors champ. Elle semblait heureuse mais gardait une part de mystère, ai-je pensé en posant l'album.

— Superbe ! Cependant, une chose m'intrigue, cet album vous a-t-il permis de stimuler la mémoire de votre mère ?

— Jusqu'à un certain point, mais pour moi, ce fut capital.

— Comment cela ?

— Vous savez, face à la démence, on oublie très vite le vrai visage de la personne aimée. Il suffit d'un regard pour que les souvenirs s'effacent. Votre mère est là devant vous, comme un personnage du passé, mais ce n'est plus vraiment elle. Il faut réapprendre à aimer l'être qu'elle est devenue.

Jack m'a proposé un muffin tout chaud que j'ai humé avec délices.

— N'êtes-vous pas ici pour parler d'Oscar ?

La bouche pleine de gâteau, je n'ai pu qu'acquiescer.

— J'y viens, docteur Dosa, mais j'aimerais d'abord vous en dire un peu plus sur ma mère et sa longue descente vers la démence. Avant la maladie, je disais toujours qu'il fallait prendre rendez-vous, ne serait-ce que pour déjeuner avec elle.

Jack a poursuivi avec un sourire :

— Bien que retraitée, Marion menait une vie très active. Paroisse, aérobic, que sais-je encore... Elle avait un grand cœur et une vie bien remplie. Offrir une glace à tous les gosses du voisinage ou démarrer sur les chapeaux de roues pour suivre le camion des pompiers en mission : les plus infimes plaisirs étaient pour elle un vrai bonheur. Vous en connaissez beaucoup des parents comme ça ?

Après avoir savouré quelques secondes ces plaisants souvenirs, Jack a poursuivi :

— Ma mère était formidable, mais sa vie ne fut pas facile. Elle m'a élevé seule.

— Ah bon ?

J'ai pris conscience que je ne savais pratiquement rien de Jack et de sa mère.

— Était-elle veuve ou divorcée ?

Aujourd'hui, je n'aurais jamais posé une telle question, mais dans les années 1950, les parents célibataires étaient un phénomène rare. J'étais curieux d'en apprendre un peu plus sur cette femme séduisante et généreuse qui suivait le camion des pompiers avec son gosse.

— Ni l'un ni l'autre, m'a répondu Jack. En 1951, le destin l'a amenée à faire la connaissance d'un homme dont elle est tombée amoureuse au premier regard. Il fut son grand, son seul amour, pendant quarante-neuf ans. Cela a duré jusqu'à sa mort, voici quelques années.

— J'avoue ne rien comprendre...

— Mon père étant marié, mes parents furent contraints de garder secrète une liaison qui dura près de cinquante ans, mais je préfère le terme de « relation ». Vous avez devant vous le fruit de cette relation.

Curieux de ma réaction, Jack guettait le plus subtil changement d'expression. De nos jours, cette histoire n'aurait rien d'extraordinaire, mais dans le Rhode Island des années 1950, ce devait être bien différent. Je le concevais sans peine. De toute évidence, l'enfance de Jack n'avait rien eu de bien conventionnel.

— J'avais coutume de dire que je connaissais mon père grâce au rétroviseur. Il venait nous chercher et nous emmenait... manger un morceau, parfois dans une ville où personne ne nous connaissait.

Jack s'est interrompu pour boire son café.

— Pour comprendre ma mère, il faut que vous sachiez une chose, elle se préparait le matin afin d'être parfaite, au cas où elle verrait mon père dans la journée. Jusqu'au bout, même en pleine démence, elle aura passé sa vie à se retourner pour le chercher du regard.

J'ai pensé aux photos que je venais de feuilleter, au savant maquillage et à l'élégance des vêtements. Brusquement, tout prenait un sens.

— Qu'aimeriez-vous savoir d'autre ? m'a demandé Jack.

— Oh ! rien ! Vraiment rien.

Les mystères de l'âme humaine débordent largement le cadre de la médecine.

— Quand je pense aux débuts de la maladie, je reste confondu par tant de naïveté. Quand il s'agit des vôtres, est-on en position de comprendre ? On leur trouve toujours une excuse... Par exemple, je me souviens du jour où j'ai dû laisser ma voiture au garage, vers la fin des années 1980. À cette époque, l'usage du portable n'était pas si répandu, et il était convenu que ma mère viendrait me chercher. Je me souviens de l'avoir patiemment attendue pendant plus d'une heure, mais elle ne s'est pas montrée. En arrivant à la maison, je l'ai cherchée partout, elle était partie ailleurs. « Ah bon ! C'était aujourd'hui ?, m'a-t-elle demandé. Bah ! j'ai dû oublier. » Avec le recul, j'ai réalisé qu'il s'agissait probablement d'un signe avant-coureur auquel je n'ai pas prêté attention.

Jack s'est mis à dévider une longue liste de petits incidents qui, sortis de leur contexte, pouvaient sembler anodins.

— Elle a commencé à perdre ses clés, qu'elle m'accusait de cacher quand elle ne les trouvait pas. Pourquoi aurais-je fait une chose pareille ? Je tentais de la raisonner, en vain. Dès qu'elle les égarait, elle était convaincue que je les avais cachées.

Hochant la tête, Jack a esquissé un petit sourire narquois.

— Un jour, au supermarché, elle les a laissées sur le tapis roulant. Une autre fois, elles sont restées dans la voiture, portières verrouillées, le moteur continuant à tourner.

Jack riait de ces incidents, mais à l'époque, je doute qu'il les ait trouvés très drôles.

— Je me disais que maman était fatiguée, qu'elle m'en voulait terriblement d'avoir songé à lui faire vendre la maison où elle avait vécu si longtemps mais, un jour, j'ai dû cesser de faire l'autruche.

*

— La goutte qui allait faire déborder le vase est survenue des années après les premiers symptômes. Inconsciemment, je devais soupçonner des troubles de mémoire puisque j'avais glissé des cartes professionnelles dans son porte-monnaie. J'ignore pourquoi, mais je sentais venir le jour où elle ne serait plus en mesure de me joindre en cas de nécessité.

Jack semblait s'amuser de sa petite ruse.

— Comme maman me demandait des comptes quand elle trouvait ces cartes, je répondais invariablement : « Sait-on ce qui peut arriver ? » Alors, elle se fâchait, les déchirait sous mes yeux ou se contentait de les jeter. Heureusement, elle en avait gardé quelques-unes. Une fois, un facteur m'a appelé de l'autre bout de la ville. Après s'être assuré que j'étais bien le fils de Marion, il m'a demandé de venir dans l'Eastside. J'étais fou ! Ne sachant à quoi m'attendre, je me suis précipité vers la voiture en échafaudant en chemin les scénarios les plus affreux. Un étranger vous appelle un jour de pluie glacée... je ne connais rien de plus terrifiant. On n'a qu'une seule idée, tout laisser en plan, ne sachant ce qu'on va trouver. Comment ne pas envisager le pire ?

Jack a détourné le regard et, comme les autres, je l'ai senti au bord des larmes, mais il s'est ressaisi. Peut-être avait-il dépassé ce stade ? Il avait déjà tant pleuré.

— Je me souviens du moment où je l'ai vue... Je n'aurais jamais imaginé pareil tableau. Qui a envie de voir sa mère dans l'état où je l'ai trouvée ce jour-là ? Trempée comme une soupe, totalement désorientée, elle avait pleuré et ressemblait à un clown triste avec ses joues ruisselantes de mascara. Quand je lui ai demandé où était sa voiture, elle a semblé perdue. Elle n'en avait pas la moindre idée ! Alors, elle s'est effondrée.

Revivant chaque minute de cette journée fatidique dans toute son horreur, Jack a dû s'interrompre. C'est d'une voix sourde et heurtée qu'il a repris :

— Vous ne savez pas le plus drôle ? Même après l'épisode de la voiture, je n'ai rien compris. Quelque chose clochait, je le savais, mais le tableau d'ensemble restait flou. Quelques semaines plus tard, dans une soirée, un ami auquel je racontais l'incident m'a demandé incidemment si ma mère souffrait de la maladie d'Alzheimer. Je suis resté positivement KO.

Penaud, Jack a secoué la tête.

— Malgré cette série d'incidents, je n'avais toujours pas compris quel mal frappait ma mère. Il a fallu qu'un étranger laisse tomber une remarque en passant ! J'étais complètement dans le déni.

Le mot fatidique était lâché, et je me suis dit

que Jack n'était pas unique en son genre. Oh non ! L'évidence a beau vous crever les yeux, on s'arrange pour ne pas voir ce qu'on préfère ignorer.

« Je trouve maman un peu fatiguée. »

« Papa a vraiment trop de choses en tête. »

Les preuves sont là, sous votre nez, et vous persistez à minimiser. Il suffit de nier l'évidence pour que la victime soit acquittée. C'est tout de même curieux, cette façon de raisonner !

*

— Le diagnostic posé, j'ai très vite compris que je devais me rapprocher de maman et l'ai installée dans l'appartement du premier. Heureusement, elle m'a laissé prendre en main les questions financières sans trop regimber et j'ai fini par l'inscrire au Centre d'accueil du troisième âge. Il me fallait bien travailler ! Au début, elle ne voulait rien savoir... Ce que j'ai pu entendre ! Mais n'ayant pas le choix, j'ai tenu bon. Enfin, il y a tout de même un aspect positif : plus les choses s'aggravent, moins le malade se plaint. Au bout de quelques semaines, maman a fini par apprécier le Centre d'accueil de jour. Notez, ça n'a marché qu'un temps. Son état s'étant dégradé, j'ai dû engager quelqu'un pour m'aider, veiller à ce qu'elle s'habille le matin, prenne ses médicaments et ne s'avise pas de disparaître lorsque j'étais au travail. Elle était sujette aux variations d'humeur, victime d'incessants changements de personnalité. Ma tendre mère était devenue totalement paranoïaque, et parfois même méchante. Du jamais vu ! Les auxiliaires de vie en larmes m'appelaient au bureau et je devais rentrer chez moi à bride abattue. Là, je trouvais une douce créature, parfaitement docile, n'ayant pas le moindre souvenir de ce qu'elle venait de faire. Ces sautes d'humeur ne firent que s'accentuer au fil du temps. Ce rôle d'aidant a fini par m'épuiser. Il n'y a aucun répit. Plus moyen de souffler ! Mon compagnon était compréhensif, mais notre relation finissait par en souffrir. J'en suis arrivé à ne pas quitter la ville pendant quatre ans. Déprimé, je me repliais sur moi-même. C'était une telle épreuve de voir maman s'en aller de cette façon, sous mes yeux ! J'avais de la tension, et j'ai même commencé une psychothérapie pour essayer d'accepter. Et là, j'ai compris : seul, je n'y arriverais pas. Je devais confier ma mère à un service de gériatrie.

— Vous êtes-vous senti coupable ?

— Au début, oui, mais pas très longtemps. Le placement était inévitable. Lorsque j'ai réussi à faire entrer maman à Steere House, j'ai compris que c'était la seule solution. Toutefois, la transition ne fut pas facile, nous avons connu un autre établissement où ce n'était vraiment pas ça. Quel soulagement de savoir maman à Steere House ! Tante Barbara s'y trouvait déjà et j'ai pu obtenir qu'elles soient dans la même chambre, au troisième. Vous comprenez, elles avaient vécu soixante-dix ans ensemble. Quand elles se sont retrouvées après dix ans de séparation, on aurait dit qu'elles venaient de se quitter.

Jack a ajouté avec un petit rire :

— Ce qu'elles pouvaient aimer les bêtes, toutes les deux ! Elles s'imaginaient sans doute que ces deux chats étaient à elles. Je surprenais souvent maman dans sa chambre, mais tante Barbara, jamais. Je me lançais à sa recherche et finissais par la débusquer Dieu sait où, un chat sur les genoux. Elle avait retrouvé son chaton ! m'annonçait-elle, radieuse.

— Et votre mère ?

— Oh ! c'était la même chose ! J'avais par moments l'impression qu'elle ne me reconnaissait pas, mais quand elle avait les deux chats auprès d'elle, son visage s'illuminait. Il suffisait de poser Oscar ou Maya sur le lit pour les voir toutes deux sourire. Le plus déroutant, dans cette pathologie, c'est qu'on en arrive à tout oublier. Elles ne savaient plus mon nom, ignoraient où elles logeaient, mais elles éprouvaient encore certaines émotions. Un bébé qui pleure, un air précis, à la radio, éveillaient le même type de réaction.

— Dites-moi, Jack, où se trouvait Oscar dans les derniers moments ?

— Selon les infirmières, il était présent lors du décès de ma tante Barbara. Il était arrivé quelques heures avant qu'elle ne s'éteigne. Je n'y étais pas, mais pour ce qui est de maman, je peux vous raconter.

Jack a repris avec un grand sourire :

— Au début, Oscar n'était encore qu'un chaton que je lui apportais. C'était pour elle un instant magique, mais vous savez comme sont les jeunes chats, il ne restait pas en place. Vers la fin, quand maman a sombré dans l'inconscience, il venait jeter un coup d'œil ou sautait quelques instants sur le lit avant de s'éclipser. La dernière nuit, j'ai reçu un coup de fil de l'infirmière de garde, m'annonçant que ma mère était au plus mal et que je ferais bien de venir. La chambre était plongée dans la pénombre, on avait lancé l'aromathérapie. Quelle ne fut pas ma surprise de trouver Oscar pelotonné auprès de maman ! Il n'a pas bougé quand je me suis assis sur le lit, il a continué à ronronner.

Jack a poursuivi avec un certain effarement :

— En le voyant là, au chevet de ma mère, j'ai regardé l'homme qui partage ma vie depuis onze ans, le compagnon sur lequel je peux compter en toutes circonstances, et nous avons décidé de rester. Je vous l'ai dit, maman avait un lien si privilégié avec ces bêtes... Je savais qu'elle s'éteindrait ainsi, auprès d'un chat. Elle a rendu son dernier soupir deux heures plus tard. Oscar, qui n'avait pas bougé, s'est levé et a quitté la chambre sans plus de cérémonie.

Le comportement de ce chat si singulier nous

laissait sans voix, mais Jack, le premier, a rompu le silence.

— Maman, à ce moment-là, aurait été ravie d'avoir auprès d'elle une de ses bestioles chéries. Je vous avouerai pour ma part n'avoir éprouvé que du soulagement. Je voudrais bien vous dire que ce fut atroce, mais non, je n'ai ressenti qu'une impression de liberté. Dans *The Long Goodbye* (*Le Long Adieu*) évoquant la mémoire de son père, la fille de Ronald Reagan a su traduire ce sentiment mieux que quiconque. Il n'est pas de jour où je ne regrette la mère que j'ai connue voici quelques années, et non l'être qu'elle était devenue. C'est un peu comme un enfant qui évolue sous vos yeux, mais qui, au lieu d'apprendre, oublie tout ce qu'il sait.

J'ai pensé à Joan Scheer et à sa fille, qui m'avaient fait part des mêmes regrets. Cela devait ressembler à un long retour en arrière sur la vie de l'être aimé, mais dans ce genre de film le héros ne retrouve jamais la jeunesse.

Comprenant que j'attendais une réflexion, un commentaire sur l'épreuve traversée, Jack est resté songeur.

— Il faut apprendre à aimer cet autre qu'est devenu l'être cher et savoir saisir au vol les instants de bonheur que vous offrent les petits riens. D'où l'importance des animaux, à Steere House. L'essentiel, dans cette maladie, c'est le bien-être de patients qu'il faut également distraire. C'est en toute confiance que j'ai laissé ma mère et ma tante dans cette maison où les soins sont excellents. Et puis, elles étaient ensemble et avaient leurs chats !

Sur le seuil de la porte, Jack m'a fait une dernière confidence :

— Oscar a su nous distraire, maman et moi, et il m'a permis de m'évader.

18

« C'est un peu inquiétant, cette façon dont les chats observent ce que nous ne voyons pas. »

Eleanor Farjeon

En fait de réponses, j'avais glané une moisson de questions, mais ces visites m'avaient, dans une certaine mesure, ouvert les yeux. Je connaissais mieux le mal qui frappait tant de patients et de familles, et cela m'incitait à plus d'empathie dans mon métier.

Je songeai à Mary qui, dans cette aventure, avait joué les confidentes et les chambres d'écho. Comment avait-elle atteint un tel niveau d'excellence dans l'exercice de sa profession ? Certes, sa bienveillance et ses facultés de compassion étaient naturelles, mais elle avait également souffert.

Après avoir épousé l'homme de ses rêves, cette ex-reine de beauté, Miss Cranston-Rhode Island, s'était retrouvée affublée d'un mari violent. Le jour où elle s'était décidée à porter plainte, ce mari, en représailles, avait choisi de se suicider.

Quand on a vécu une telle épreuve et élevé seule deux enfants, on ne vous la fait pas. D'ailleurs, Mary ne voyait pas la vie en rose, mais je n'étais pas au bout de mes surprises. Je pense à cette fois où, après m'avoir montré la maison où répétaient les *Talking Heads*, du temps où ils étaient encore sur les bancs de l'Institut d'architecture, elle a négligemment laissé tomber :

— C'était l'époque où je sortais avec David Byrne.

Ce jour-là, elle était sinistre, au point de doucher mon enthousiasme et de tétaniser chez moi toute faculté d'émerveillement. En la voyant si tourmentée, j'ai fini par m'inquiéter.

— Allons, qu'est-ce qui ne va pas ?

— Oh ! rien ! Ce n'est pas un jour faste, a-t-elle répliqué d'un air absent.

À force d'insistance, elle a néanmoins fini par me confier :

— Figurez-vous que, dans son infinie sagesse, l'État de Rhode Island a décidé de réduire nos subventions. Qui plus est, l'administration brandit la menace de nouvelles coupes sombres.

C'est toujours le même refrain : les crédits baissent et on nous en demande toujours davantage. Dans un contexte économique morose, les maisons de retraite sont la cible idéale pour des bureaucrates obsédés par les réductions de budget. Ah ! ils ne courent pas le risque de voir nos pensionnaires se masser sous les fenêtres des sénateurs pour manifester !

Douché par cette nouvelle que je venais de prendre en pleine figure comme un seau d'eau glacée, je me suis laissé choir sur mon siège. Le coup était rude. Pour quelqu'un d'aussi perfectionniste que Mary, les menaces pesant sur le bien-être de ses pensionnaires n'avaient rien de réjouissant.

— Eh bien, qui veniez-vous voir ? m'a-t-elle demandé, parvenant à sourire.

— Je voulais m'assurer de l'état de Ruth. Comment va-t-elle ?

— Beaucoup mieux ! Le delirium a nettement régressé et elle mange. Aujourd'hui, je l'ai même vue remonter le couloir, main dans la main avec Frank. Ce qu'ils étaient choux, tous les deux !

Mary avait retrouvé son entrain, mais l'embellie fut de courte durée.

— Êtes-vous passé voir Saul ? a-t-elle murmuré.

— Ma visite remonte à plusieurs semaines, pour l'hospitalisation. Son état s'aggravait chaque jour.

— Nous avons reçu un coup de fil éperdu de sa fille. Il se trouve en soins intensifs, et ça ne va pas du tout.

Rien de surprenant, Saul avait frôlé la mort avant de quitter Steere House. Ce n'était donc qu'une question de temps. Machinalement, j'ai tourné les yeux vers la chambre qu'il avait occupée.

— Si seulement...

Ne sachant trop que penser, je n'ai rien ajouté. Quelques années auparavant, Saul s'était montré très clair. Il tenait à ce que l'on ne néglige rien pour le maintenir en vie, seulement la situation avait changé. Nous avons tous une vision idéale de notre propre fin, mais Saul n'envisageait sûrement pas la sienne de cette façon. Enfin, le sort en était jeté...

— Je sais, vous auriez préféré le savoir ici, sous traitement palliatif et confié aux bons soins d'Oscar...

— Ce n'est pas tant le chat que je regrette, mais *vos* soins et ceux de votre équipe. Soit, je l'admets, à sa place, j'aurais choisi de rester à Steere House. Avec ou sans chat !

En entendant mentionner Oscar, Mary a paru se dérider un peu.

— À propos, pourquoi n'iriez-vous pas jeter un coup d'œil dans la chambre de Saul ?

J'ai marqué un temps d'hésitation. Mon patient n'était plus là et j'étais venu examiner Ruth. En outre, je n'avais pas été d'un grand réconfort pour Mary.

— Allez-y !

En me dirigeant vers l'ancienne chambre de Saul, j'ai croisé les Rubinstein, que j'ai salués au passage. Ruth m'a d'ailleurs adressé un chaleureux sourire.

— Je vous trouve beaucoup mieux, Mrs Rubinstein.

Si j'avais éveillé une vague réaction, je n'attendais aucune réponse, aussi me suis-je tourné vers Frank.

— A-t-elle retrouvé l'appétit ?

Aux anges, Frank m'a répondu avec un grand sourire assorti d'une vigoureuse poignée de main :

— Comme si elle venait de cesser une grève de la faim !

J'ai probablement souri. La victoire serait éphémère, mais je me réjouissais pour eux.

*

J'ignorais ce que me réservait la chambre de Saul, plongée dans l'obscurité. J'observais ses affaires soigneusement rangées en attendant son retour, le lit impeccable, le couvre-pieds remonté sur l'oreiller, quand j'ai perçu un mouvement dans la pénombre et deviné la silhouette d'un chat. Si le patient n'était plus là, Oscar avait néanmoins décidé de prendre sa garde.

*

Sur le chemin de l'hôpital, je songeais à Barbara qui voulait à tout prix que son père reste en vie. Je n'avais pas le droit de la juger. Comment affronter ce dernier adieu ? Comment laisser partir un parent ou un être cher ? Je trouve d'ailleurs injuste d'infliger ce terrible choix aux familles. Les volontés de Saul dataient de l'époque où il était capable de les exprimer, où il n'avait pas oublié qui il était. Chacun ses goûts, ai-je pensé en me dirigeant vers les ascenseurs de l'hôpital, mais au plus secret de mon âme, je savais ce que j'aurais choisi. Le chat.

En soins intensifs, vous n'avez droit à aucune intimité. Les portes restent grandes ouvertes afin de permettre une surveillance plus efficace. Il faut savoir que, dans ce genre de service, la moyenne d'âge excède aujourd'hui les quatre-vingts ans.

La chambre 19 ne faisait pas exception à la règle. J'y trouvai un frêle vieillard aux cheveux gris, le torse disparaissant sous une couverture chauffante semblable au matelas pneumatique avec lequel mon fils joue à la piscine. Gonflée d'air chaud, elle apportait la chaleur nécessaire à un corps incapable de se réchauffer. Saul, dont la pancarte attestait de l'identité, était méconnaissable. En m'approchant, j'ai vu le triple cathéter fiché dans son cou. Comme il n'avait jamais souffert de problèmes rénaux, l'appareil de dialyse, auprès de son lit, n'augurait rien de bon.

— Docteur Dosa. Je suis son médecin traitant.

Postée devant un ordinateur, l'infirmière à laquelle je me suis présenté a acquiescé d'un petit signe de tête avant de retourner à ses dossiers.

— Comment va-t-il ?

— Pas bien fort. Il a beau être sous dopamine et dobutamine, la tension reste très basse et il est en insuffisance rénale. On envisage de le dialyser.

Fataliste, l'infirmière a ajouté :

— On fait ce qu'on peut.

J'ai levé les yeux vers la perfusion accrochée au-dessus du lit. Linezolid, Vancomycine et Ceftazidime. Jusque-là, aucun des trois coûteux antibiotiques n'avait réussi à tenir en respect les bactéries qui avaient envahi l'organisme. Les petites garces gagnaient la partie et ce n'était plus qu'une question d'heures.

— Les cardiologues vont pratiquer une échographie par voie œsophagienne dans l'après-midi. Ils redoutent que les valves soient lésées par l'infection bactérienne, a ajouté l'infirmière en levant le nez de son ordinateur.

Je m'interrogeai. *Saul aurait-il vraiment voulu ça ?* Si l'hospitalisation pouvait se concevoir, il est des circonstances où les aléas de la vie n'ont que faire des meilleures intentions. Au cours des dernières vingt-quatre heures, les troubles respiratoires s'étaient aggravés et la tension avait dramatiquement chuté.

La famille était prévenue.

— Il n'arrive plus à respirer, il va falloir l'intuber.

Voilà qu'on s'apprêtait maintenant à lui planter une sonde dans l'œsophage, pour voir si les valves cardiaques étaient atteintes ! Le résultat de l'examen ne changerait rien. L'issue serait la même puisque l'opération était exclue.

— Est-ce bien raisonnable ?

L'infirmière s'est contentée de hausser les épaules.

— Allez dire ça aux médecins ! Non, je ne crois pas, mais mon avis n'a aucune valeur.

— Le mien non plus, ai-je répliqué en souriant.

Mon patient ne parvenait plus à fonctionner, pas même en mode automatique, mais personne ne s'interrogeait sur le sens de ce branle-bas de combat. Il ne respirait plus ? On l'intubait. La tension chutait ? On le plaçait sous traitement ! Les reins lâchaient ? Qu'à cela ne tienne, on allait le dialyser. Au vu des derniers résultats, chaque traitement, chaque examen, chaque protocole de soins était cohérent, mais il n'y avait aucune vision d'ensemble. On mettait « pleins gaz ! » sans jamais se demander « pourquoi ? ». J'ai laissé Saul sous la garde de son infirmière et me suis mis en quête des médecins.

— L'issue finale en sera-t-elle modifiée ? ai-je demandé à l'un des praticiens.

— Je ne pense pas. Cet homme est perdu, à mon avis, mais la famille est catégorique.

Je suis retourné vers l'accueil pour appeler Barbara et l'informer des derniers développements.

— On compte intuber votre père pour examiner les valves cardiaques, mais à ce stade, je doute qu'il soit possible d'endiguer le mal.

— Papa voulait que l'on mette tout en œuvre, docteur.

— Enfin, Barbara, la situation n'est plus la même.

— Tout, docteur. Absolument tout.

*

Minuit venait de sonner quand le téléphone a sonné. Je me suis levé pour répondre en me frottant les paupières. L'appel venait d'un jeune médecin qui tenait à me présenter ses condoléances.

— Navré de vous déranger, mais je voulais vous informer que votre patient, Saul Straham, est décédé dans la soirée. Malgré tous nos efforts, nous n'avons pas réussi à le ranimer.

— Vous avez prévenu la famille ?

— Oui, sa fille a accusé le coup, mais elle est auprès de lui.

Avant de le remercier, j'ai prié mon confrère de transmettre mes condoléances à Barbara, puis j'ai ouvert la porte sur la nuit pour adresser un bref adieu à mon patient, sans oublier sa fille. Barbara avait-elle eu le temps de lui dire au revoir ? C'était peu probable. Le rabbin était-il passé ?

— Qu'est-ce que c'était ? m'a demandé ma femme dans un demi-sommeil.

— Mon patient vient de mourir.

Comme il n'est pas rare, dans ce métier, de recevoir ce genre d'appel, Dionne a marmonné quelques sons incompréhensibles.

Difficile de se rendormir, après ça. J'imaginais Oscar posté derrière la fenêtre de la chambre, le regard tourné vers l'hôpital, de l'autre côté de la rue. Avait-il compris ? Si le patient était resté à Steere House, je suis pratiquement certain qu'il se serait couché à son côté. Pour Saul, l'heure avait sonné et aucun protocole, traitement ou examen n'y avait rien changé. Si le choix de notre fin nous appartient, certains départs valent mieux que d'autres. Au moins, Saul était-il en paix, enfin ailleurs, quel que soit le sens que l'on donne à ce terme. Simplement, j'aurais préféré que le passage fût moins rude.

19

« Deux choses sont esthétiquement parfaites en ce monde, l'horloge et le chat. »

Émile-Auguste Chartier, dit Alain

Si les chats ont neuf vies, nous n'en avons qu'une, et la seule pensée qu'elle pourrait s'interrompre suffit à nous terrifier.

— Personne ne veut entendre parler de la mort !

Cyndy Viveiros a cherché mon regard.

— C'est le « M » fatidique, le gros mot que l'on ne prononce pas en société. Ces dernières semaines, rares furent ceux qui...

Cyndy a dû s'interrompre.

— Il y a des angoisses difficiles à surmonter, je sais, mais je suis restée seule, ou presque. Ici, tout le monde a été formidable, je n'ai vraiment rien à leur reprocher. Seulement, après leur service, ils s'en allaient.

Cyndy s'est tue quelques instants pour faire le point.

— Vous souhaitiez me voir pour parler d'Oscar, docteur. Eh bien, voilà... naturellement, j'ai apprécié sa présence pour ce qu'il apportait à maman, mais je pense sincèrement qu'il cherchait à m'aider. Les dernières semaines, il n'a cessé d'aller et venir dans la chambre, et ce fut pour moi un réel soutien.

— Vous avez donc le sentiment qu'il cherchait à vous aider, vous ?

Cette réflexion m'était familière, je l'avais entendue dans la bouche de Jack McCullough.

— Oui, je pense qu'il venait pour *moi*, m'a confié Cyndy. J'en suis même certaine.

*

— Depuis trois longues semaines, je n'avais pour ainsi dire pas quitté le chevet de ma mère. Désormais, mon univers avait les dimensions de cette chambre. Dès l'aube, je m'éveillais au bourdonnement sourd du distributeur d'oxygène, rythmé par le souffle de la malade. Je me souviens d'avoir observé maman, lentement abandonnée par la vie comme la grève par la marée. Une certitude s'était imposée au fil des jours, ma mère vivait ses dernières heures, mais j'avais l'impression que ces heures ne finiraient jamais. Je ne cessais de regarder ma montre en me frottant les yeux. Deux heures du matin ? Qu'importe ! Je ne voulais pas m'éloigner. Le regard rivé à l'aiguille des secondes, sur le cadran du réveil, je me disais qu'il n'y en aurait plus pour très longtemps. Un dernier soupir et ce serait le silence. Les infirmières m'avaient prévenue, je savais à quoi m'attendre. Cependant, après des jours de veille à regarder cette poitrine se soulever et retomber en cadence, je doutais qu'il y ait un jour une fin. Une telle vitalité avait même réussi à tromper Oscar. Depuis plusieurs semaines, le chat réputé infaillible dans ses prédictions faisait d'incessants va-et-vient, et toujours rien... Quelques jours auparavant, il a toutefois semblé plus sûr de lui. Le dernier jour, il s'est approché et s'est assis à mes pieds. Je me suis penchée pour le caresser et il s'est mis à ronronner gentiment, je l'ai donc pris sur mes genoux pour lui frotter doucement le ventre sans lâcher maman des yeux. Mais, très vite, il a quitté mes genoux pour sauter sur les couvertures. Aussi drôle que cela puisse paraître, il s'est mis à renifler avant de rouler sur le flanc dans cette attitude typiquement féline. Comme s'il prenait la pose ! a ajouté Cyndy en pouffant.

Guettant ma réaction, elle a ajouté comme pour se justifier :

— Vous savez, il sait être charmeur quand il le veut ! Bref, il a fixé maman et ne l'a plus quittée des yeux. Était-ce le signe fatidique ? Je lui ai même demandé si c'était pour bientôt.

Si le chat savait, il n'en a rien dit.

— Au début, ses visites me perturbaient beaucoup.

Cyndy a paru hésiter.

— Je connaissais son manège et avais même rêvé de lui. C'était étrange, je le voyais assis auprès de maman et d'horribles cauchemars me tiraient d'un lourd sommeil, toujours à la même heure : 3 heures du matin. La première semaine de cette interminable veillée, Oscar s'avançait négligemment jusqu'au seuil, sans entrer dans la chambre. Il se contentait de jeter un œil. Au début, je l'observais avec angoisse, ne sachant s'il allait pénétrer dans notre intimité, et j'ai compris que cette chambre était devenue mon univers.

Cyndy a esquissé un sourire.

— Bientôt, j'ai vu ce que ces craintes avaient d'irraisonné. Rien de surnaturel chez cette bête qui ne traînait ni faux ni fourche derrière elle. Ce n'était qu'un matou domestique des plus ordinaires. Et puis, ma mère aimait les chats. À vrai dire, lorsque je me suis mise en quête d'une maison où la placer, j'ai trouvé rassurants ces animaux courant dans le service. Je ne m'étais pas trompée. Quand on avait appris à le connaître, Oscar n'avait rien de menaçant, bien au contraire. J'ai trouvé là un compagnon plus fidèle que bien des êtres humains. Certes, je recevais des coups de fil, on faisait preuve d'une grande gentillesse, mais maman n'a reçu que deux visites en tout et pour tout. Bah ! je comprends, les gens fuient l'hospice comme un immeuble en flammes, ils ne pensent qu'à filer dans la direction opposée. Oscar, lui, n'était pas comme ça, il ne fuyait pas et devinait même quand on avait besoin de lui.

Je me souviens du jour où je l'ai trouvé devant la porte. Trop consciente de ce que signifiait cette visite, le cœur battant à tout rompre, je l'ai regardé s'avancer nonchalamment vers le lit mais au lieu de sauter auprès de maman, ce chat est venu s'asseoir à mes côtés. Calé sur son arrière-train, sur la chaise voisine, il a cherché mon regard comme pour se présenter. Vous imaginez un peu ! Très content de lui, il a longuement ronronné lorsque j'ai tendu la main pour le caresser.

Content de lui... Ah bon ?

— Et hop, il a sauté sur le rebord de la fenêtre et s'est installé dans la posture classique du sphinx. Vous voyez ce que je veux dire ?

— Oh oui !

Je connaissais bien cette attitude, royale et mystérieuse, de gardien du temple. Dans ces moments-là, notre Oscar semblait descendre d'un lointain ancêtre égyptien. D'ailleurs, cette idée était-elle si insensée ?

— Il en a passé du temps sur cet appui de fenêtre à observer le vaste monde et l'univers clos de la chambre ! Je le trouvais chaque jour à l'entrée du service où il venait m'accueillir, puis il m'accompagnait jusqu'à la chambre, qu'il ne quittait plus jusqu'à mon départ. Vous comprenez, j'ai fini par m'attacher à cette petite bête, sa présence était un tel réconfort. Dans les moments de culpabilité, et ils étaient nombreux, je me confiais à elle et j'avais l'impression qu'elle m'écoutait sans juger ni donner de conseils. Si j'avais besoin de m'évader un moment, Oscar restait auprès de maman. Il lui arrivait même de me reconduire aux ascenseurs quand je m'en allais. Vous savez, docteur, j'avais le temps de réfléchir et de penser au jour où maman finirait par s'en aller. Curieusement, je savais que je n'éprouverais ni tristesse ni culpabilité. C'était d'autant plus surprenant que je n'avais cessé de me sentir coupable tout au long de l'interminable maladie, à tel point que j'en arrivais à me demander si je n'aurais pas hérité de ce penchant pour la culpabilité au même titre que de l'argenterie de famille. Comment n'avais-je pas compris plus tôt que maman était malade ? Avais-je bien fait de la placer dans un établissement de long séjour ? À chaque prise de décision, j'avais l'impression qu'on pouvait mieux faire, ça n'allait jamais.

Cyndy s'est interrompue, prête à éclater de rire ou à fondre en larmes, nous n'aurions su le dire ni l'un ni l'autre.

— Face à cette mort, issue logique de grandes souffrances, je me suis demandé : *Est-il permis de trouver ça normal ?* Alors, je me suis mise à culpabiliser de ne plus me sentir coupable. En pénitence, j'ai pris le chapelet abandonné sur la table de nuit et j'ai récité à haute voix le Notre Père. La prière dite, j'étais épuisée et, pour la première fois, j'ai éprouvé l'impérieux besoin de rentrer chez moi. Du fond du cœur, j'ai adressé au Ciel cette supplique : « Mon Dieu, je vous en prie, prenez-la. » J'ai fermé les yeux et laissé déferler un flot de tendres souvenirs puis, rassurée par ces images, je me suis assoupie, toujours consciente du bourdonnement monotone du distributeur d'oxygène. Lorsque j'ai levé les yeux, les ronflements avaient cessé, maman était enfin sereine. Il était 3 heures.

Chassant une larme furtive, Cyndy a poursuivi son récit :

— Au bout d'une demi-heure, j'ai fini par sonner. L'infirmière est arrivée presque aussitôt. Confirmant ce que je savais déjà, elle a posé son stéthoscope sur le cœur, puis m'a présenté ses condoléances avant d'appeler la personne de service. Je suis restée un moment à regarder maman. Au plus intime de moi-même, je savais qu'elle n'était plus là. Toutefois, malgré moi, je guettais encore un mouvement. Enfin, je me suis levée pour poser un baiser sur son front et, aussi fou que cela puisse paraître, j'ai compris que c'était fini. Cette certitude s'est imposée, nous étions enfin libres, toutes les deux.

Cyndy a esquissé un vague sourire.

— Au bout d'un petit moment, je suis sortie prendre un café pour me réveiller, je n'étais pas encore prête à appeler les miens. Je me souviens, il régnait un étrange silence dans le service et j'ai entendu le trottinement de petites pattes sur le plancher, Oscar était à mes côtés.

J'imaginais fort bien le chat auprès de Cyndy, marchant à son rythme, s'accordant à ses pas.

— Il vous a donc accompagnée pendant trois longues semaines ?

J'ai retrouvé l'effarement familier de mes interlocuteurs dès qu'ils abordaient le sujet.

— Docteur, je me vois encore pénétrer dans la salle de bains pour m'asperger le visage. En ressortant, j'ai trouvé Oscar qui m'attendait. Je suis passée à la cuisine me servir un café, puis dans la salle à manger où je me suis assise afin de décider qui appeler en priorité quand, brusquement, j'ai entendu un bruit sur la chaise voisine. Campé sur son arrière-train, le chat me surveillait pour s'assurer que tout irait bien.

Avec un grand sourire, Cyndy a trouvé le mot de la fin :

— Vous savez, au long de cette agonie, j'en ai vu défiler du monde ! On passait, mais on ne restait pas. Oscar, lui, ne m'a jamais lâchée.

20

« Petit à petit, les chats deviennent l'âme du foyer. »

Jean Cocteau

Au terme de ces rencontres avec des proches ayant perdu un être cher confié aux bons soins d'Oscar, l'heure était venue de clore mon enquête. Sonder les cœurs et les mémoires m'avait beaucoup appris sur la maladie et ses conséquences pour l'entourage, mais curieusement, je n'en savais guère plus au sujet d'Oscar.

Je n'avais toutefois aucun regret. Si je n'étais pas plus avancé, je gardais l'image d'un chat trottinant auprès de Cyndy Viveiros, à son côté, comme il avait accompagné sa mère dans les derniers moments, et j'en éprouvais une étrange allégresse. Compagnon, être sensitif ayant la faculté d'aider un patient à affronter le passage vers l'au-delà ou de partager la peine de ceux qui restent... ne serait-il que cela, Oscar était un univers en soi.

Peu importait qu'il soit doté de perceptions

extrasensorielles ou qu'il devine l'imminence d'un décès avant le plus pointu des esprits scientifiques. Peut-être était-il tout bonnement passé maître en l'art de l'empathie ? À défaut de pouvoirs surnaturels, ne posséderait-il qu'une grande bienveillance ?

Une conversation avec Mary s'imposait.

— J'ai réfléchi à ce que vous m'aviez dit, Oscar et sa nombreuse famille, chacun de ses parents pouvant compter sur son soutien en cas de problème.

Cette conversation se tenait dans le bureau des infirmières où Mary avait prévu de réunir ses troupes à 15 heures. J'étais arrivé un peu plus tôt pour échanger quelques mots avec elle, avant la relève de la garde. Baisse des subventions et gestion d'un service qui ressemblait de plus en plus au rocher de Sisyphe, ces tracas semblaient loin. Je trouvai une Mary très calme, maîtresse d'elle-même et d'une grande modestie.

— Oh ! David, ce n'était qu'une théorie. Comment en être certaine ? N'oubliez pas que je suis une incorrigible amie des bêtes. Suis-je seulement capable d'objectivité ?

— L'objectivité a ses limites ! Je vous avouerai qu'au début, je vous ai pris pour une bande de cinglés, tous autant que vous êtes.

— Vous savez ce que dit le panneau, a rétorqué Mary, trouvant la plaisanterie fort drôle : « Point besoin d'être fou pour travailler ici, mais c'est un avantage certain. »

— J'ai l'impression qu'Oscar obéit à des motifs bien précis. Peut-être cherche-t-il à aider les pensionnaires... La famille, comme vous dites, mais aussi *les* familles, autant dire ceux qui souffrent le plus.

— Et le personnel, vous y pensez ?

Partie prenante dans cette enquête, Mary s'était coulée dans la peau du fidèle docteur Watson.

— Comment peut-on travailler dans cette maison sans s'impliquer dans la vie des patients ? Nous aussi, nous finissons par nous attacher à ces gens et pleurons leur mort. Sur un plan spirituel autant qu'affectif, nous pouvons être aussi proches qu'un membre de la famille.

— N'est-ce pas plus facile pour vous qui avez vu tant de patients emportés par ce mal ?

Mary a hésité avant de répondre.

— Oui, nous sommes bien placés pour comprendre, mais comment expliquer ? Pourquoi sommes-nous touchés par une telle tragédie ? Comment Dieu permet-il ce genre de chose ?

D'ordinaire, nous évitions ce domaine, mais j'acceptai cette fois de m'y aventurer.

— Mary, vous arrive-t-il de prier ? Vous êtes-vous, un jour, adressée là-haut en demandant : « Pourquoi ? »

Mary a préféré éluder et m'a répondu en souriant :

— Je me demande si la réponse serait aussi franche.

Non, bien sûr. On prendrait le message et on rappellerait plus tard.

Comme il était tentant de croire à la télépathie lorsque Mary a ajouté :

— Je vous l'ai dit, les animaux domestiques avaient leur utilité, ils travaillaient. À la ferme, le chien gardait le troupeau, et si le chat manquait de conviction à chasser les souris, il ne faisait pas long feu. C'est qu'ils devaient gagner leur pitance !

— À vous entendre, Oscar aurait donc pour tâche de veiller sur les patients ?

— Pourquoi pas ? Plus évolué que ses congénères, il aura peut-être trouvé ce moyen pour acquitter son loyer.

En guise de conclusion, ma collègue m'a lancé en regardant sa montre :

— Vous savez, nous ne sommes que de passage, ici.

À ce moment précis, la porte s'est ouverte sur un cortège d'employées qui se sont avancées dans un chuintement de semelles. L'équipe du soir venait d'arriver.

— Je dois réunir mes troupes et vérifier la liste des consignes. Vous ne bougez pas ?

J'ai haussé les épaules avec fatalisme.

— Je vous en prie, restez, j'aurais un patient à vous présenter. Le temps de faire le point et je suis à vous, j'en ai pour une minute.

Je me suis fait très discret, tandis que Mary récapitulait les incidents de la journée, donnant ses instructions et signalant à l'infirmière de garde et aux quatre aides-soignantes les cas exigeant une surveillance renforcée.

— Il y a quelques changements dans l'aile ouest. À la 312, Mrs Carey semble...

Tandis que les consignes s'égrenaient, j'ai laissé mon esprit vagabonder. J'avais dans mon champ de vision une poignée de pensionnaires assis devant la télévision, sans doute captivés par un de ces mélos baignant dans la tragédie sans que l'action progresse d'un pouce, mais dont ils étaient friands. Derrière eux, j'ai vu se profiler une silhouette de chat. Perché sur un appui de fenêtre, Oscar semblait fasciné par le monde extérieur. C'était son jour de repos et il avait trouvé l'endroit idéal pour se la couler douce. Vraisemblablement, personne n'avait prévu de mourir dans les prochaines heures.

J'ai brutalement été tiré de ma rêverie.

— Puis-je vous demander une seconde d'attention ? a lancé Mary. Il s'agit de Mr Grant, le pensionnaire dont je vous parlais.

J'écoutais tout en observant le petit groupe de soignants.

— L'escarre de Mr Grant n'est pas guérie. Le pansement est changé deux fois par jour et la plaie semble propre, mais n'oubliez pas de retourner un malade grabataire, il faut éviter à tout prix que l'escarre ne se creuse.

Mary a ajouté, à mon intention :

— Si vous veniez jeter un coup d'œil ? Peut-être souhaiterez-vous modifier le traitement.

Je me suis contenté d'acquiescer.

— Et n'oublions pas Ruth Rubinstein, qui a magnifiquement récupéré, ces dernières semaines. Elle n'est plus perturbée, marche à nouveau et prend du poids. La kiné semble lui réussir. Au fait, Frank vient d'arriver, il a demandé un peu d'intimité. Par respect pour eux, je vous serais reconnaissante de retenir la voisine de chambre à la salle à manger. Il me semble qu'ils fêtent un anniversaire. Enfin, vous comprenez, ils aimeraient être un peu seuls.

J'ai surpris des coups d'œil entendus. De la part d'un couple, cette requête n'a rien d'extraordinaire, mais le personnel a parfois des réactions infantiles. D'un seul regard, Mary a su décourager les petits sourires en coin, et tout est rentré dans l'ordre.

Après le départ de l'équipe, j'ai suivi ma collègue dans sa tournée.

— Franchement, je ne vois pas ce qu'il y a de drôle ! Les Rubinstein ont droit à un peu d'intimité. Même ici, le corps conserve ses droits.

Mary a ajouté, cherchant mon regard :

— Un de nos pensionnaires est bien souvent dans la chambre de Ruth, me semble-t-il. L'ennui, c'est qu'elle ne paraît pas s'en plaindre.

— Frank ne va pas du tout apprécier, ai-je fait observer à mi-voix.

— Un jour ou l'autre, il faudra bien le mettre au courant.

— Par pitié, attendez que je sois en vacances !

Je ne plaisantais qu'à peine.

Mary s'est contentée de hausser les épaules.

— Je ne peux vraiment pas rester, allons voir cette escarre.

Nous nous dirigions vers la chambre de Mr Grant quand nous avons entendu un cri perçant. Positivement terrifiée, Ruth Rubinstein est passée devant nous tel un boulet de canon.

Vivant portrait de l'angoisse, Frank la suivait, hors d'haleine.

— Docteur, il faut que je vous parle ! m'a-t-il jeté, au bord des larmes.

Mary s'est élancée derrière Ruth et j'ai ramené Frank vers la chambre, où nous nous sommes tous deux assis sur le lit.

— Je vais tout vous raconter, mais vous devez savoir certains détails.

— Bien.

— Ruth et moi, nous nous sommes mariés juste après guerre. Peut-être ne le savez-vous pas, mais nous nous sommes connus dans un camp de concentration.

Frank m'observait, guettant une réaction.

— Je l'ignorais, en effet.

— Mon Dieu, je n'oublierai jamais ce jour ! C'était en 1943, fin octobre. Je me trouvais dans ce camp depuis plusieurs mois.

Perdu dans ses souvenirs, Mr Rubinstein a dû

s'interrompre avant de reprendre d'une voix sourde, au débit heurté.

— Avec l'âge vient l'oubli, dit-on, mais ce n'est pas vrai. En ce qui me concerne, le passé est chaque jour plus réel. J'envierais presque ma femme d'avoir oublié. Moi, mes souvenirs ne me quittent plus, la souffrance et l'humiliation hantent toujours mes rêves.

Frank a baissé les yeux, puis, après une brève hésitation, il a renoué le fil de son récit.

— Je revois encore l'instant où je l'ai aperçue comme si c'était hier.

Brusquement, les inflexions d'Europe centrale étaient plus marquées, certains mots inversés.

— Elle venait sûrement d'arriver, sa robe brune était déchirée. Son manteau neuf... était taché après le voyage. Elle traînait une lourde valise dans la boue... Je revois encore ses longs cheveux noirs, sales et décoiffés, mais... Oh ! c'était merveilleux ! Dieu sait pourquoi, nos regards se sont croisés. Peut-être était-ce notre destin. Docteur, je n'avais jamais vu des yeux pareils, et surtout, il n'y avait aucune crainte dans son regard. Dans cet endroit abominable, elle n'avait rien perdu de sa détermination. Elle allait vivre ! J'étais amoureux... comme ça ! Je devais absolument faire sa connaissance, alors je me suis approché et lui ai proposé de porter sa valise.

L'ombre d'un sourire effleurant ses traits, Frank a cherché mon regard.

— Ruth a refusé mon aide, mais depuis cet instant elle est entrée dans mes pensées. J'ai attendu des semaines avant de la revoir. Aussi fou que cela puisse paraître, ce fut le plus beau jour de ma vie. Nous ne nous sommes plus quittés, jusqu'à ce qu'on nous expédie dans des camps différents. Avant d'être séparés, nous avons juré de tout faire pour nous retrouver si nous parvenions à rester en vie, le lieu de rendez-vous serait l'église de la ville où je suis né. Ni elle ni moi ne savions si l'autre serait encore là.

— J'ai peine à imaginer ce que vous avez traversé, Mr Rubinstein.

Frank m'a interrompu d'un geste.

— Docteur, voilà soixante-trois ans aujourd'hui que nous nous sommes rencontrés dans ce camp.

Frank a attendu que cette révélation produise son effet.

— Et, pour la première fois, Ruth ne sait plus qui je suis.

Ne sachant que dire, ni même s'il fallait répondre, j'observais ce vieux visage, ruisselant de larmes.

— Nous n'avions pas un sou en arrivant dans ce pays, mais nous étions tout l'un pour l'autre. Comme nous ne parlions pas un mot d'anglais, Ruth a trouvé une place de femme de charge à l'hôpital, tandis que j'apprenais la langue. Le soir, on se promenait dans New York et on regardait les vitrines avant de regagner notre étroit logis. On se couchait, c'est tout ce qu'on pouvait s'offrir. Les choses ont fini par s'arranger. Comme je n'étais pas trop mauvais en anglais, j'ai réussi à trouver un poste d'assistant dans un laboratoire, et Ruth est entrée comme gouvernante chez de riches New-Yorkais. Elle aimait beaucoup son travail, et ces gosses, bien sûr. Nous ne pouvions pas avoir d'enfants à nous.

Une fois de plus, Frank a fondu en larmes.

— Je suis désolé, Frank.

Le vieil homme a acquiescé avant de reprendre :

— Rien n'était facile, mais notre situation s'est améliorée. J'ai repris mes études et décroché mon bac. Mon premier vrai boulot nous a amenés ici, en Nouvelle-Angleterre.

Je finissais par me demander où il voulait en venir, mais Frank a dû comprendre qu'il ressassait un peu. Il a cherché mon regard.

— Pour notre anniversaire, j'ai apporté une douzaine de roses rouges et une part de cette tarte aux poires dont elle raffole, chez ce grand pâtissier de Federal Hill.

Mes yeux se sont posés sur le carton de gâteau encore intact, auprès du vase débordant de roses.

— En arrivant dans la chambre, je lui ai souhaité un joyeux anniversaire comme je l'ai si souvent fait. Je me suis assis sur le lit en me penchant vers elle pour poser mes lèvres sur son front.

Après une seconde d'hésitation, Frank a repris :

— Ruth a levé vers moi un regard de pure terreur et s'est mise à hurler. Elle criait, criait, comme si j'étais un étranger !

Brusquement, j'ai eu l'impression de manquer d'air.

— Que faire ? a repris Frank. J'ai voulu l'embrasser, mais elle hurlait toujours. Lorsque j'ai esquissé un geste pour la rassurer, elle m'a giflé, s'est levée et s'est enfuie.

Sur la joue gauche, la marque de la gifle était encore bien nette. Nous sommes restés sans rien dire, aussi gênés l'un que l'autre.

— Je ne veux pas voir ma femme mener ce genre de vie, a fini par lâcher le vieil homme.

Il ne pleurait plus et son regard était aussi farouchement résolu que celui de Ruth, dans ce camp. Je comprenais enfin pourquoi il tenait tant à me raconter leur histoire.

— Je peux compter sur vous, docteur ?

Au plus secret de moi-même, je comprenais ce qu'il avait vécu et savais parfaitement ce qu'attendait ce vieil homme. Ruth lui avait brisé le cœur, et il ne lui restait rien. Après avoir réussi à survivre et parcouru auprès d'elle un si long chemin, il se retrouvait seul. Je devinais fort bien ce qu'il éprouvait... Comme il serait facile de passer outre le serment sacré pour accéder à ses désirs !

— Non, ai-je enfin répondu. Là, je ne peux vous aider.

Au bout d'un moment, j'ai trouvé le courage de rompre le silence embarrassé qui semblait s'éterniser.

— Votre femme est condamnée, Mr Rubinstein. Sur un plan physique, elle est mieux, mais rien ne nous oblige à tout mettre en œuvre pour la maintenir en vie. Quand l'heure sera venue, nous avons la possibilité de la soulager grâce aux soins palliatifs.

— Ce sera long ?

— Dieu seul le sait.

En ce domaine, j'ignorais l'opinion de Frank, mais ma réponse a paru faire son chemin. Y a-t-il seulement un dieu quand on a vécu une telle horreur ?

— Pour moi, elle est morte aujourd'hui.

J'ai regardé Frank Rubinstein rassembler ses affaires.

— Tout ce que je vous demande, c'est de soulager ce qu'il reste de Ruth. Faites qu'elle ne souffre plus !

— Vous avez ma parole.

Frank a esquissé un pauvre sourire. Il s'est levé et s'est hâté de quitter la chambre. Je l'ai suivi jusqu'au bureau des infirmières où s'était réfugiée sa femme. Sans un regard pour elle, il s'est dirigé vers la porte. Ruth ne l'avait pas vu. Peut-être regardait-elle le matou noir et blanc qui, intrigué par tout ce remue-ménage, avait quitté son confortable perchoir pour s'avancer jusqu'à l'entrée du service.

J'ai sorti mon badge d'identification et, dans un grésillement de portier électrique, Frank m'a agrippé le poignet en ajoutant, ses yeux rivés aux miens :

— Merci de tout ce que vous avez fait pour nous, ces dernières années. Je sais que je n'ai pas toujours...

Les mots sont restés dans sa gorge et son regard s'est embué.

Comme j'acquiesçais, un sourire sinistre s'est dessiné derrière les larmes.

21

« Le plus petit félin est une œuvre d'art. »

Léonard de Vinci

George Duncan observait sa mère avec lassitude. Quelques heures auparavant, ce syndic de faillite se trouvait encore à cinq cents kilomètres de là, au sud du New Jersey, où l'avait mené son travail. C'était une journée tout à fait banale, du moins avait-elle débuté ainsi... mais à 16 heures, il avait reçu l'appel tant redouté.

— George, votre mère ne va pas bien, lui avait annoncé Mary.

D'habitude, c'était lui qui appelait. En voyant s'afficher le numéro de Steere House, il avait compris que c'était très mauvais signe.

— Vous feriez mieux de venir au plus vite...

Aussitôt, George avait regretté de n'être pas resté auprès de sa mère. Il avait pourtant passé le week-end à Steere House, à l'occasion de Thanksgiving. L'état de la malade se détériorait très vite, mais le lundi matin des impératifs professionnels l'avaient rappelé à la réalité, les multiples hospitalisations d'Iris lui ayant déjà causé divers problèmes dans son travail. Miné par la culpabilité, il avait lancé à son collègue décontenancé :

— Navré, mais c'est ma mère.

En arrivant à la clinique, vers minuit, il avait eu l'heureuse surprise, devant la chambre, de trouver une amie de la famille qui semblait monter la garde.

— Je ne l'ai pas laissé faire, lui avait-elle dit en désignant le chat noir et blanc, dans le couloir. J'attendais ton arrivée pour lui permettre d'entrer.

Quatre heures durant, cette dame avait dû décourager les tentatives d'Oscar, bien décidé à franchir la porte. De mauvaise grâce, le chat avait fini par s'éloigner, mais il n'était pas loin, elle s'en doutait.

Après avoir serré l'amie dans ses bras, George s'était approché du lit et la malade avait légèrement bougé, comme pour accueillir son fils avant de retourner à un sommeil paisible. George surveillait sa respiration, un peu précipitée, mais très loin des violentes crises d'étouffement accompagnant les précédents épisodes de pneumonie.

L'œil humide, George avait doucement serré la main de la patiente sur sa poitrine. Sa mère allait le quitter, il l'avait compris.

Ensuite, il avait perdu le fil du temps. Une femme de ménage avait fini par frapper, disparaissant dans la salle de bains dont elle était ressortie sans bruit, plusieurs sacs de déchets au bout des bras. En dépit des larmes, George avait esquissé un petit signe de tête pour la remercier de son chaleureux sourire.

Une main s'était posée sur son épaule et George avait croisé le regard soucieux de la femme de charge qui avait abandonné son matériel de nettoyage pour s'asseoir auprès de lui. Il avait alors lâché la main de sa mère.

— Il ne faut pas pleurer, lui avait dit l'employée en lui tendant la boîte de mouchoirs. Vous reverrez votre mère, soyez-en certain. Nous gardons toujours cet espoir, ici-bas. Vous la retrouverez.

Éberlué, George s'était demandé si cette personne appartenait à la même Église qu'eux.

— Nous nous connaissons ? lui avait-il demandé.

La dame lui avait répondu avec un bon sourire :

— Non, pas vraiment, mais depuis huit ans que je travaille ici, je connais bien votre mère. Au début, quand elle avait encore toutes ses facultés, elle m'enseignait l'anglais et les textes bibliques.

George avait renchéri en souriant :

— Oh ! oui, elle était formidable !

Au moment de récupérer ses balais pour reprendre le travail, l'employée lui avait assuré, avec une ferme conviction :

— Ça va aller.

À peine avait-elle disparu qu'une infirmière était venue évaluer l'état de la patiente. Un œil sur sa montre, elle surveillait Iris, comptant les respirations. Rassurée de ne constater aucun signe d'oppression, elle était revenue avec un sandwich. George, qui n'avait rien avalé depuis midi, avait littéralement engouffré cet encas.

Tout en mâchonnant son sandwich, il avait entendu le trottinement précipité de petits pas feutrés, sur le parquet. Sans grande surprise, il avait vu s'asseoir devant lui un matou noir et blanc qui ne le quittait pas des yeux.

— Bonsoir, avait-il lancé. Tu as faim ?

Oscar ne faisant pas mine de bouger, ils s'étaient observés dans un silence assez déroutant, puis le chat avait flairé avec mépris le petit morceau de viande qu'on lui proposait. Voyons, il n'était pas là pour faire des mondanités ! Il s'était avancé jusqu'à la fenêtre et, d'un bond, s'était installé sur son appui pour sonder la nuit d'encre.

Une fois le sandwich disparu jusqu'à la dernière miette, George s'était levé pour poser sur le lecteur de CD l'album de gospels préféré d'Iris. Aux premiers accents du cantique, sa mère avait eu un léger mouvement, tandis qu'il s'agenouillait auprès d'elle. Et là, soulevant les paupières, Iris avait noué son regard à celui de son fils, murmurant dans un incroyable éclair de lucidité :

— Je t'aime.

Ce furent ses derniers mots avant qu'elle ne retourne à son sommeil serein.

George était resté quelques instants à son chevet puis, voyant qu'elle dormait, il s'était installé dans le fauteuil. Bercé par la musique, il avait à son tour sombré dans un profond sommeil qui l'avait ramené auprès d'une maman en parfaite forme, ignorant les ravages opérés par la maladie.

*

Totalement désorienté, il s'était éveillé en sursaut et s'était aperçu qu'il faisait encore nuit. Quatre heures du matin, indiquait sa montre. Il avait à peine fermé l'œil mais, curieusement, se sentait reposé. Recouvrant ses esprits, il avait regardé sa mère et trouvé son souffle bien rapide. Bien trop rapide ! Il crépitait comme une onde électrique. En le voyant se lever et s'approcher du lit pour prendre le pouls de la malade, Oscar, sur le qui-vive, avait abandonné son poste de vigie.

L'infirmière accourue à son appel était très vite revenue avec une dose de morphine qu'elle avait fait glisser sur la langue de la patiente. Une main rassurante posée sur l'épaule de George, elle avait attendu que le remède fasse effet. La respiration s'était rapidement apaisée et le staccato du pouls avait ralenti.

Sans la lâcher du regard, George observait sa mère comme s'il voulait graver ses traits dans sa mémoire. La voyant prête à le quitter, il avait une fois encore fondu en larmes.

Quelques instants plus tard, Iris rendait son dernier souffle.

— Une heure environ après le décès, une aide-soignante est entrée dans la chambre.

Quelques mois s'étaient écoulés depuis cette fameuse nuit à Steere House. Je n'avais pu rencontrer George, contraint par ses affaires à retourner en Floride, et nous bavardions au téléphone.

— Je ne comprenais pas pourquoi cette personne tenait absolument à laver maman, mais elle m'a expliqué, en souriant : « Votre mère est morte mais il faut qu'elle soit propre, c'est très important. »

J'ai perçu un bref sanglot, au bout du fil. À des centaines de kilomètres de là, George revivait encore ces instants.

— Je vous avouerai que je suis resté sans voix. Comme cette femme aimait beaucoup maman, cette dernière toilette revêtait une grande importance à ses yeux.

— Il semblerait que Steere House ait ses rites mortuaires bien particuliers. Je pense aux pensionnaires quittant les lieux par la grande porte, comme ils y sont entrés. Dans cette maison, il n'est pas question de s'en aller par l'ascenseur de service.

George en est convenu avec moi.

— Sans doute. Ma mère doit beaucoup à Steere House, mais aujourd'hui encore, j'ai peine à croire ce que j'ai vu ce soir-là. Quelques heures plus tard, sous l'œil d'Oscar qui n'avait pas un instant relâché sa surveillance, l'entrepreneur des pompes funèbres est venu chercher maman. Le corps recouvert d'un drap blanc s'est éloigné vers les ascenseurs, mais lorsque le chariot a tourné à l'angle du couloir, toutes les infirmières, aides-soignantes et employés présents formaient une haie d'honneur, comme s'ils tenaient à saluer un grand personnage. Certaines infirmières avaient les larmes aux yeux, j'en suis témoin.

À l'autre bout de la ligne, j'ai entendu cet homme éclater en sanglots.

— J'étais bouleversé, a-t-il conclu d'une voix tremblante. J'avais trouvé là une vraie famille.

22

« Un chat n'a pas de propriétaire,
tout au plus un partenaire. »
Sir Harry Swanson

Les pensionnaires bien à l'abri dans leur chambre après le départ du dernier visiteur, rien ne venait troubler le silence du troisième étage, hormis le léger bourdonnement des néons en veilleuse. Telle une superbe peluche allongée dans toute sa splendeur sur le comptoir, Oscar dormait en paix, débarrassé des importuns, quand a retenti le hurlement d'une sirène fonçant à toute allure vers les urgences de l'hôpital voisin.

Le vacarme s'intensifiant, Oscar a esquissé un mouvement, puis levé la tête pour voir de quoi il retournait. L'ambulance parvenue à destination, dans le silence retrouvé, le chat s'est étiré en bâillant.

Depuis quelques minutes, il observait Mary qui ne cessait de s'affairer. Satisfaite de savoir ses pensionnaires tranquillement endormis dans leur chambre, elle annotait un dossier. Le chat a émis un petit miaulement pour faire savoir qu'il était réveillé et d'humeur sociable, ce qui lui a valu un sourire et une caresse sous le cou. Bien, on avait remarqué sa présence ! Oubliant Mary, Oscar a entrepris de se lécher consciencieusement les pattes arrière en effectuant de petits cercles avec sa langue.

— Dix heures, il est temps de distribuer les remèdes. Tu viens ? a proposé Mary en se levant.

Pour toute réponse, elle n'a obtenu qu'un clignement de paupières. Oscar réfléchissait-il à son invitation ? C'était un chat, ne l'oublions pas, et il n'était pas dans sa nature de céder trop facilement. Le temps de considérer la requête et de la faire sienne, il a fini par sauter sur le chariot et s'est retourné, comme pour dire : « Alors, tu te décides ? »

— Très bien, Oscar, nous commencerons par l'aile ouest.

Le grincement des roues arrière déchirait le silence, mais qui l'aurait remarqué ? Tout le monde dormait. Ils étaient seuls, Oscar aux aguets, surveillant le couloir tel un commandant de bord sur une mer connue mais plongée dans la nuit.

La porte de la 316 était ouverte et Mary a poussé son chariot dans la chambre où ronflait doucement Louise Childress. Oscar n'en avait cure... Mary a consulté sa liste de prescriptions avant de prendre un anticonvulsif dans un tiroir. Le gobelet rempli, elle s'est penchée pour caresser doucement la main de la patiente, attendant que Louise, un peu surprise, reprenne ses esprits. Le remède avalé, la vieille dame s'est aussitôt rendormie.

Mary a pris le temps d'observer le cadre en argent 1900 posé sur la table de chevet, un grand gaillard en uniforme y souriait fièrement à l'objectif. Un bras sur le casque d'aviateur qu'il tenait sur la hanche, il était photographié auprès d'un appareil de chasse de la Seconde Guerre. Les traits de cet homme lui évoquèrent immédiatement une autre chevelure souple, brune elle aussi, des yeux à fleur de tête et un ovale rasé de près.

Mary n'a pu s'empêcher de pouffer en posant délicatement le cadre à sa place.

— Maintenant, je sais pourquoi vous appréciez tant le docteur Dosa !

Sans un mot pour son copilote, Mary est passée dans la chambre voisine, puis dans la suivante et dans celle d'après, s'assurant de chaque patient, dispensant ses remèdes là où nécessaire. Parfaitement indifférent, Oscar n'avait pas bougé, mais dans la chambre de Ruth Rubinstein, telle une figure de proue, il s'est dressé sur le chariot pour parcourir la pièce du regard en flairant autour de lui.

Quelque chose clochait au 315.

Prompt comme l'éclair, Oscar a bondi sur le lit en évitant soigneusement le corps inerte avant de procéder à l'évaluation de la patiente. Se passant fort bien d'un second avis médical, le chat a fait un tour sur lui-même, puis un second, avant de s'installer auprès de Ruth en clignant des paupières. Cela signifiait-il que le départ était proche ?

— Tu as décidé de rester ?

La tête sur les pattes, le chat s'était rapproché de Mrs Rubinstein qu'il a gratifiée d'un petit coup de nez.

Mary s'est avancée pour vérifier que la malade reposait tranquillement. Aucun geste médical ne semblant nécessaire, elle s'est assise sur le lit voisin pour envisager la situation familiale de la patiente. Depuis la mort de Frank, emporté par une crise cardiaque quelques mois plus tôt, Ruth n'avait reçu aucune visite puisqu'elle avait survécu à son plus proche parent. Sans enfants, elle n'avait pour seule famille qu'un notaire. Personne à appeler.

Effleurant d'une main caressante les cheveux de la vieille dame, Mary s'est tournée vers le fauteuil inoccupé, à l'autre bout de la pièce. Avec un pincement au cœur, elle a posé les yeux sur la couverture tricotée qui n'avait pas bougé depuis des mois. Combien de fois avait-elle trouvé Frank endormi dans ce fauteuil, bien après le départ du dernier visiteur ? Il fallait parfois le renvoyer chez lui. Le vieil homme rassemblait alors ses affaires à contrecœur et embrassait sa femme. Le lendemain, il était là à la première heure, mais depuis leur dernier anniversaire, il n'avait pas remis les pieds dans le service. Certes, il ne passait pas un jour sans appeler, mais on ne l'avait jamais revu. Un beau matin, les appels avaient cessé et, quelques jours plus tard, un ami avait trouvé Frank paisiblement endormi dans son lit.

L'ombre d'un sourire flottait sur le visage de la patiente. Ruth rêvait-elle de son mari ? Savait-elle qu'ils seraient bientôt réunis... Mary évoqua cette idylle qui avait duré un demi-siècle et l'indéfectible dévouement de Frank envers une épouse que la démence avait laissée bien démunie.

— Mon Dieu, Oscar, pour l'aimer, il l'aimait ! Si tout le monde pouvait avoir cette chance !

Mary s'est penchée pour poser ses lèvres sur les joues de la vieille dame, et ils sont tous deux restés auprès d'elle, l'infirmière et le chat, qui ronronnait doucement, jusqu'à ce qu'une petite toux monte de la chambre voisine. Alors, Mary a murmuré un dernier adieu.

— Bonne chance, Ruth. Où qu'il se trouve à présent, je souhaite sincèrement que Frank vous y attende. Tu ne veux vraiment pas venir ? a-t-elle demandé au matou noir et blanc.

En guise de réponse, elle n'a obtenu qu'un ronronnement.

— On dirait que c'est non. Bon, il nous faut penser au reste de la famille.

Sur le seuil de la chambre, Mary s'est retournée pour échanger un dernier regard avec Oscar.

— Merci, a-t-elle murmuré avant de baisser la lumière. Je reviendrai après ma tournée.

23

« Arriver dans une maison vide ou bien rentrer chez soi ? C'est le chat qui fait la différence. »

Inconnu

J'étais installé dans le bureau des infirmières pour remplir un nouveau dossier, quelques jours après le décès de Ruth, quand j'ai entendu un beau remue-ménage.

Un peu plus loin, Maya s'était lancée à la poursuite d'Oscar comme font les chats quand ils s'ennuient. Intrigué par leur manège, je me suis levé et je les ai vus filer comme des bolides devant Louise Childress, endormie dans son fauteuil. Pfft, ils s'étaient évanouis ! Comment ne pas sourire ? Mary avait raison, ces bêtes étaient chez elles dans cette maison. Mon regard s'est tourné dans la direction où avaient disparu les deux compères. Un timide soleil venait de se glisser dans le couloir, qui flamboierait bientôt sous ses rayons, mais il ne tarderait pas à disparaître après une furtive apparition... Mes pensées m'ont ramené vers Ruth Rubinstein, encore très présente à mon esprit. Un peu plus tôt, je m'étais attardé devant le lit inoccupé à la couverture impeccable... disparus les photos de jeunesse, les portraits de Frank, tout son passé, les murs étaient nus. Cette chambre, qui n'était déjà plus la sienne, gardait encore une vague empreinte florale qui finirait, elle aussi, par s'effacer.

Le clic de portes qui s'ouvrent ayant interrompu mes réflexions, j'ai vu arriver Mimi, la responsable des admissions, en compagnie d'un vieux monsieur et de deux femmes plus jeunes, probablement sœurs. Toute à ses explications, Mimi leur faisait visiter les lieux.

— Voici donc notre service de démence précoce, avec ses quarante et un lits, la surveillance y est assurée vingt-quatre heures sur vingt-quatre par des infirmières.

Brusquement, les portes se sont refermées sur les visiteurs avec un bruit mat. Même à cette distance, le malaise de ces gens, maintenant captifs parmi les pensionnaires, était palpable. Ils écoutaient poliment les explications de Mimi, mais il n'était pas difficile de deviner ce qu'ils pensaient : « Est-il possible de laisser maman dans cet endroit ? Les portes sont verrouillées ! Elle n'a tout de même pas mérité un tel traitement ! »

Je connaissais ce regard de « cerf effaré par la lumière des phares ».

Signalant au passage les zones stratégiques :

cuisine, salle à manger, bureau des infirmières, Mimi a emmené les visiteurs jusqu'à la chambre de Ruth. En passant devant Louise, endormie dans son fauteuil, l'une des dames s'est arrêtée pour l'observer.

J'avais l'impression de lire dans ses pensées, où les questions se bousculaient :

« Est-elle propre, au moins ? Heureuse ? S'occupe-t-on bien d'elle ? »

Cette femme voulait être sûre d'avoir pris la bonne décision, d'avoir trouvé l'endroit idéal.

Je n'aurais pas aimé être à sa place !

Elle s'est avancée vers le tableau de liège, auprès de la porte de Louise, et je l'ai vue enfin sourire avant de rejoindre les autres dans le couloir.

J'étais revenu à mon dossier quand, sentant une présence frôler mes pieds, j'ai baissé les yeux.

— Bonjour, Oscar !

Fini de jouer ! Oscar avait abandonné sa sœur féline et levait son regard vers moi.

— J'ai appris que tu étais auprès de Ruth quand elle est morte...

À mon grand étonnement, le chat a bondi sur le comptoir et s'est assis devant moi sans me lâcher des yeux, comme s'il tenait à me saluer. Quand j'ai croisé son regard, il s'est mis à ronronner et, non sans un peu d'appréhension, j'ai tendu la main vers lui.

— Qu'y a-t-il ?

Cherchait-il, comme Lassie, à me faire comprendre que quelqu'un était tombé dans le puits ? Dire que j'avais ri, quelques mois auparavant ! Oscar essayait-il vraiment de faire passer un message ?

Le chat a observé ma main, puis tendu le cou, comme pour dire : « Vas-y, idiot. Gratte ! »

Je me suis détendu et l'ai caressé sous le cou, avant de l'attirer près de moi. Les ronronnements n'ont pas cessé, ils ont même pris de l'ampleur, et nous avons partagé un moment d'intimité jusqu'à ce qu'on vienne nous interrompre.

— Bonjour, docteur. Permettez-moi de vous présenter la famille Carey.

J'avais devant moi Mimi, flanquée de ces visiteurs qu'elle pilotait dans le service. Oscar les avait repérés et s'apprêtait à filer. D'ailleurs, il m'a échappé pour détaler à toute allure, ce qui m'a permis de m'exclamer, en guise de préambule :

— Ah ! les chats !

Ce trait m'a valu un sourire des deux filles.

— Voudriez-vous des précisions sur l'organisation du service ? ai-je ajouté, histoire de me rendre utile.

L'une des sœurs m'a demandé, d'un air intrigué :

— Vous avez des chats, ici ?

— Mais oui, a expliqué Mimi. Vous en trouverez deux à cet étage, mais Steere House en héberge quatre autres, ainsi qu'un lapin et des oiseaux.

— Mais c'est formidable ! s'est exclamée la dame que j'avais surprise à observer Louise.

Elle a ajouté, en se tournant vers son père :

— Tu sais comme maman aimait les chats.

— Disons plutôt que votre mère les aime.

J'ai eu droit à ce drôle de regard, un peu gêné, du parent pour qui l'être cher n'est déjà plus présent. Aussi, pour ne pas ajouter à l'embarras de cette pauvre femme, j'ai tenu à préciser :

— Nous avons pu constater à quel point la présence de ces animaux est bénéfique à nos pensionnaires, à un stade avancé de la maladie. Votre mère en sera consciente, vous verrez.

— Vous croyez ?

— Oh oui ! J'étais aussi sceptique que vous, mais j'ai fini par comprendre ce que ces bêtes étaient capables d'apporter à nos pensionnaires et à leurs proches. Je fréquente cette maison depuis si longtemps !

Je connaissais ce regard dubitatif. J'avais probablement considéré Mary du même œil, le jour où elle m'avait exposé ses théories sur Oscar.

— Manifestement, nos patients sont toujours sensibles au langage des bêtes. Sans doute pourrions-nous en tirer profit, nous aussi. En tout cas, c'est une idée séduisante.

Cette dame s'est contentée d'acquiescer en promenant son regard autour d'elle.

— Alors, qu'en dis-tu, papa ?

— Je trouve que c'est parfait.

Le vieil homme, qui avait réussi à sourire, s'est tourné vers Mimi.

— Si vous acceptez de vous occuper de ma Lucy, nous prendrons le lit.

Lancée dans ses explications sur les différents formulaires et papiers à remplir, Mimi raccompagnait la famille Carey quand la silhouette de Mary s'est profilée au fond d'un couloir. Après avoir rangé contre le comptoir d'accueil le fauteuil roulant qu'elle poussait, elle s'est penchée pour serrer la malade dans ses bras.

Celle-ci, d'un air ravi, lui a rendu cette marque d'affection.

— Qu'est-ce que c'était ?

— Des nouveaux que Mimi vient d'accueillir. Il semblerait que Ruth ait déjà trouvé une remplaçante.

— Oh ! bien sûr ! Dans cette maison, un lit ne reste vide jamais très longtemps.

Le soleil s'était enfui comme s'effacent les mots tracés sur le sable. J'ai vu Oscar sortir de la pièce où il s'était réfugié à l'arrivée des visiteurs. Il nous a toisés, a paru hésiter puis, très sûr de son fait, est reparti dans la direction opposée. Là, il s'est arrêté devant la dernière porte, sur la droite, comme pour flairer, et il a disparu dans la chambre avec un petit coup de queue. J'ai esquissé un sourire en croisant le regard de Mary. Que voulait-il nous faire comprendre ?

Je restais à l'écoute.

Postface

En écoutant les proches consultés au fil de cette odyssée dont Oscar est le héros, j'ai fini par accepter avec gratitude les leçons de ce grand sage. « Mais comment fait-il ? » Telle est l'éternelle question qui reste sans réponse.

Je pense à ce coup de fil reçu peu après la parution de mon article dans le *New England Journal of Medicine*. Mon interlocuteur, qui se présentait comme un vétéran de la Seconde Guerre, avait servi comme brancardier en Europe, où il était chargé d'évacuer les blessés tombés sur le front.

— Au bout de quelques mois, je pouvais dire qui allait vivre et qui allait mourir, docteur. Ceux qui étaient condamnés dégageaient une odeur douceâtre, pas les autres.

« Une suave odeur de mort »... Cette explication biologique semble la plus plausible. Au cours du processus de destruction cellulaire, on observe effectivement une dégradation des hydrates de carbone en différentes composantes oxygénées dont plusieurs types de cétones, corps chimiques connus pour leurs effluves aromatiques. On trouve également un fort taux de cétones chez les diabétiques. D'ailleurs, en fac de médecine, on apprend très vite à évaluer le taux de sucre sur l'haleine des patients. Oscar se contenterait-il de sentir une brusque augmentation d'un composé chimique précis précédant le décès ? Les animaux sont manifestement dotés d'un odorat nettement supérieur à celui du commun des mortels.

En ce qui concerne le cancer du sein et celui du poumon, une étude parue en 2006 dans une célèbre revue de cancérologie faisait état de chiens entraînés à identifier, sur l'haleine des malades, des taux microscopiques de substances biochimiques sécrétées par les cellules cancéreuses. Ces dernières années, chez certains chiens, des études analogues ont mis en évidence la faculté de détecter un mélanome. Il existe également des poissons qui savent anticiper un tremblement de terre. Au sein d'un service où meurent quotidiennement des patients atteints de démence, Oscar n'aurait-il pas tout bonnement appris à repérer une odeur spécifique, émise dans les dernières heures par le corps ? Une telle hypothèse est-elle inconcevable ?

Cependant, je refuse de considérer cette bête comme un système de détection, une sorte de radar à cétones. Petit, déjà, attribuant aux animaux les traits de caractère et faiblesses des humains, je ne manquais pas un mot des *Histoires comme ça*, de Rudyard Kipling, que me lisait mon grand-père pour m'endormir. Serait-ce tout simplement que nous nous identifions aux animaux, en général sous nos traits les plus flatteurs ?

Dans un service où le personnel s'efforce de rendre supportable l'expérience ultime, je croirais volontiers que ce chat incarne l'entraide et la compassion envers l'entourage des patients. Il est un rouage essentiel d'une équipe dévouée et très performante. En tant que médecin, ma tâche est de prescrire et de conseiller les proches. L'infirmière est là pour dispenser les soins, et le prêtre joue un rôle de conseiller spirituel auprès du patient et de sa famille. Oscar, lui, apporte le réconfort d'une présence, essentielle dans les derniers moments. Membre à part entière de l'équipe soignante, il est un réel soutien pour les proches, et parfois la seule famille du patient.

Je ne suis pas un spécialiste du comportement animal et, n'ayant mené aucune étude rigoureuse sur le phénomène, je ne prétends pas cerner la nature de ses dons. Oscar obéit-il à un odorat particulièrement subtil ? À une faculté d'empathie hors du commun ? Que sais-je encore ? Le lecteur se fera sa propre opinion, mais je pense qu'il serait sage de s'inspirer d'un tel exemple.

Ces entretiens avec quelques familles de défunts étaient censés éclairer ma lanterne sur les agissements d'un chat, mais j'en ai appris bien davantage sur le mal capable d'anéantir l'existence de mes patients. Si le mystère planait encore autour du chat, les ravages opérés par la démence n'avaient plus rien de mystérieux.

À ce jour, les États-Unis comptent cinq millions de malades victimes de la maladie d'Alzheimer, et quelques centaines de milliers présentant diverses formes de démence sénile. Compte tenu du vieillissement de la population et en l'absence d'innovations thérapeutiques, les estimations donnent à penser que ces chiffres vont exploser, mais cette tragédie n'est pas quantifiable en termes statistiques. Pour un malade, combien, dans l'entourage, voient leur existence bouleversée à jamais ?

Mon épouse et moi venons de rejoindre leurs rangs. Le terrible diagnostic est tombé : ma belle-mère est touchée par ce mal. Comme de nombreux compatriotes et tant d'autres ici-bas, nous entrons dans une phase critique de notre vie : nous allons devoir assumer la charge d'un parent atteint de démence. Au rôle de parents, d'époux, aux obligations professionnelles, vient s'ajouter une responsabilité supplémentaire. Où allons-nous puiser l'énergie nécessaire ? Nous ne le savons pas. Comment allons-nous faire pour veiller sur un être dépendant, qui plus est adulte ? Dans ce métier, j'œuvre quotidiennement en étroite collaboration avec des soignants dont j'admire le courage et l'optimisme, mais quand vous êtes personnellement concerné, c'est très différent.

Le médecin de famille ne se décidant pas à traiter les troubles de mémoire de ma belle-mère, mon épouse a fait appel à moi après un ultime coup de fil aussi exaspérant que les précédents.

« Au long de ces interviews, tu as bien dû glaner quelques conseils ou trésors de sagesse qui m'aideraient à faire face ? »

Chaque cas est unique. Après avoir accumulé erreurs et coups d'essai, les aidants finissent toujours par trouver des solutions originales. Cela dit, sans trop m'avancer, je peux néanmoins énoncer quelques principes généraux :

1. Ne négligez pas votre santé

Dans l'exercice de ma profession, physiquement ou nerveusement, j'ai vu s'effondrer bien des aidants. Quoi d'étonnant ? L'assistance au malade ne laisse nul répit. On est sur la brèche vingt-quatre heures sur vingt-quatre, sept jours sur sept, et trois cent soixante-cinq jours par an. Inutile d'espérer une remise de peine pour bonne conduite ; soigner un vieillard atteint de démence exige une excellente forme physique. Par ailleurs, assister à l'ultime combat d'un être cher représente un stress psychologique majeur.

Seul, vous ne tiendrez pas longtemps, ne l'oubliez pas. Il est capital de se faire aider, même si cela implique de placer le parent ou le conjoint concerné dans une structure d'accueil ou une maison de santé.

Tout aussi important : sachez *entretenir votre forme physique et mentale* en demandant de l'aide, tant sur le plan médical qu'affectif. L'aide de l'association Alzheimer peut se révéler précieuse. Les groupes de soutien sont des outils formidables.

2. Soyez présent

Facile à dire ! Essayez d'oublier un peu votre travail et vos responsabilités quotidiennes afin de garder du temps pour un proche en fin de vie ou dans l'épreuve. Tant d'obligations n'en sont pas vraiment. Vous trouverez bien quelqu'un pour vous remplacer au bureau, et vos enfants vous pardonneront d'avoir raté le match de foot ! Les animaux sont de merveilleux mentors, nous aurions beaucoup à apprendre de leur constance et de leur patience. N'éprouvant nul besoin d'être ailleurs, ils sont satisfaits de leur sort. Quand il se rend chez ses patients, Oscar ne s'inquiète pas de l'heure, il n'éprouve pas le besoin de fuir vers un ailleurs illusoire et se contente de vivre pleinement l'instant. Vous vous dites sûrement que le malade ne vous reconnaît pas, mais si vous saviez à quel point votre présence est importante !

3. Célébrez les petites victoires sans perdre de vue l'issue

Vivre auprès d'un patient atteint de démence, c'est un peu se retrouver dans une sorte de montagnes russes. Regain d'appétit, sursauts de mémoire... Pour réjouissantes qu'elles soient, ces petites victoires ne doivent pas masquer l'ultime certitude d'un inexorable déclin. Dans ces pathologies dégénératives, la seule attitude à adopter est de savourer les « petites victoires » en gardant une vue globale sur la situation.

4. Militer pour des soins de qualité

En ce qui concerne la démence sénile, notre système de santé a prouvé son inefficacité. Il existe des établissements meilleurs que d'autres, cela va sans dire, mais dans l'ensemble, on pourrait mieux faire. Hôpitaux, maisons de long séjour et cabinets de généralistes laissent à désirer. Militer pour des soins de qualité suppose que l'on se sente concerné et que l'on s'interroge. C'est également choisir son combat et savoir reconnaître les limites des traitements, en particulier dans les établissements de long séjour où la qualité de soins peut s'avérer bonne ou mauvaise suivant que les proches s'impliquent ou non.

5. Aimer et lâcher prise

Je garde l'espoir de voir un jour la démence figurer en note de bas de page dans les anthologies médicales, au même rang que la peste ou la variole. La qualité des traitements finira certes par progresser, mais l'offre thérapeutique est aujourd'hui réduite, et l'efficacité des spécialités disponibles sur le marché fort limitée dans le temps. À moins d'accepter une fin imminente, survient toujours un moment où l'aidant doit lâcher prise et diriger l'être cher vers une structure spécialisée. Lorsque viendra ce jour, n'oubliez pas que, dans votre affection, lâcher prise ne signe pas une défaite. C'est un acte d'amour.

Photocomposition *CMB* Graphic
44800 Saint-Herblain

Achevé d'imprimer par GGP Media GmbH, Pößneck
en juillet 2011
pour le compte de France Loisirs,
Paris

N° d'éditeur : 64581
Dépôt légal : mai 2011

Imprimé en Allemagne